だいじをギュッと！
ケアマネ
実践力シリーズ

社会資源の活かし方
サービスを上手につなぐコツ

渡邉浩文

中央法規

INTRODUCTION

はじめに

　ケアマネジャーは、日々、利用者・家族のさまざまな生活課題（ニーズ）に向き合うことになります。例えば、入浴、排せつ、食事等の介護、認知症への対応に関する問題はもちろん、深刻な疾患への対応、経済的な問題、権利擁護に関する問題、さらには家族関係に関すること、レクリエーションやレジャーに関するニーズなど、多様な生活課題（ニーズ）が考えられます。高度な医療的対応が求められたり、複雑な家族関係の中で、権利擁護や経済的な課題が絡み合っている状況など、対応しなければならない課題の深刻さや複雑さに、ときとして圧倒されてしまうかもしれません。

　しかし、ケアマネジャーとして果たさなければならないことを突き詰めていけば、その役割は利用者の生活課題（ニーズ）を明らかにし、適切な社会資源につなぐことだと気づくはずです。つまり、抱え込まず、しっかりとつなぐこと、それがまずは大切になります。

　そして、社会資源に結びつけた後、それら社会資源と関係する人々が、利用者・家族の思いや意向に共感し、物的・人的な資源としてチームの目的のために知識や技術、時間を提供してもらえるよう、ケアマネジャーが要となって連携・調整をし、チームとして最高の力が発揮できるよう、裏方に回ってチームを支えることが求められます。このオーダーメイドでつくられたチームこそが利用者・家族の暮らしを支える重要な社会資源になります。こうした社会資源を生み出し、機能させることもケアマネジャーの大事な役割です。本書が社会資源を活かしてケアマネジャーの機能・役割を実践するための参考になれば幸甚です。

2019.10　渡邉浩文

CONTENTS

はじめに i

第 1 章
自立支援に向けてニーズと社会資源をつなぐ

01 利用者の自立支援という点から社会資源の活用を考える ················ 002
02 言語化できないニーズを読み取り、共有化して、社会資源につなぐ ············· 006
03 社会資源を利用者の視点から意味づける ································· 010
04 利用者の暮らしを社会資源の関連のなかで再構築する ················ 014
05 共感的理解から利用者の意向を探る ······································ 016

第 2 章
利用者を中心とした支援ネットワークの形成

01 利用者の暮らしと社会資源のつながり ···································· 020
02 社会関係の最適化を目指す ·· 024
03 家族のエンパワメント ·· 028
04 医療ケアに対応できる支援体制の構築 ···································· 032
05 ケアチームの構築と連携 ··· 038

第 3 章
介護保険制度・サービス

01	介護保険サービスとは	042
02	訪問介護	046
03	訪問看護	054
04	通所介護（地域密着型通所介護）	060
05	短期入所生活介護、短期入所療養介護	064
06	通所リハビリテーション、訪問リハビリテーション	068
07	訪問入浴介護	074
08	福祉用具貸与、特定福祉用具販売	078
09	住宅改修	084
10	認知症対応型通所介護	090
11	定期巡回・随時対応型訪問介護看護	094
12	介護保険以外の高齢者福祉サービス	098

第 4 章
権利擁護にかかわる制度・サービス

01	権利侵害に対する基本姿勢	104
02	高齢者虐待への対応	108
03	日常生活自立支援事業	114
04	成年後見制度	118
05	成年後見人等との連携	124
06	消費者トラブル・被害への対応	128

第 5 章
経済的な支援にかかわる制度・サービス

01	医療費や介護費を補助する制度	134
02	介護保険負担限度額認定証	140
03	社会福祉法人等による利用者負担軽減制度	144
04	生活保護制度の基礎知識	148
05	生活保護の申請と受給	154
06	生活困窮者自立支援制度	158
07	公的年金・医療保険	162

第 6 章
認知症の人や障害者を支える制度・サービス

01	認知症の人の暮らしを支える❶居宅生活を支える資源	168
02	認知症の人の暮らしを支える❷病気の治療や入院を支える資源	174
03	認知症の人の暮らしを支える❸早期発見・早期診断を支える資源	178
04	障害者総合支援法の理解と活用	182
05	障害福祉サービスと介護保険サービスの適用関係	188
06	相談支援事業―相談支援専門員との連携	192

著者紹介

タスにゃん
人を助(タス)けることに喜びを感じ
ネコ一倍仕事(タスク)に燃えるケアマネ5年目のネコちゃん。
肩にかけているタスキは使命感の象徴。
ツナ缶(マグロ)とレタスが大好物。

自立支援に向けて
ニーズと社会資源を
つなぐ

1

CONTENTS

01 利用者の自立支援という点から社会資源の活用を考える
02 言語化できないニーズを読み取り、共有化して、社会資源につなぐ
03 社会資源を利用者の視点から意味づける
04 利用者の暮らしを社会資源の関連のなかで再構築する
05 共感的理解から利用者の意向を探る

01 利用者の自立支援という点から社会資源の活用を考える

> **POINT**
> 自立支援を目的として、
> 社会資源を活用しましょう。

社会資源とは

　ケアマネジメントにおける社会資源とは、利用者の生活ニーズ充足に関連する各種の施設、制度、機関などの物的、人的資源のことをいいます。いうなれば、ケアマネジャー自身も、利用者にとっては社会資源の1つとなります。そしてケアマネジメントは、利用者自身がもつ資源と、まだ利用者とつながっていない資源を活用して行います。

　社会資源については、フォーマルな社会資源とインフォーマルな社会資源という考え方があります。フォーマルな社会資源とは、デイサービスやショートステイなどの介護保険制度に規定されたサービスなどを指します。インフォーマルな社会資源としては、家族や近隣の見守り等のケアなどを指します。フォーマルな社会資源は、インフォーマルな社会資源に比べて一定の質が担保され、ケアプランに位置づけた期間や頻度でしっかりとサービス提供を行うことができる一方、画一的なサービスで融通が利かないといった側面があります。インフォーマルな社会資源は、フォーマルサービスに比べ柔軟性があり、臨機応変に状況に対応することができるという側面がある一方、制度化されていないため継続性や専門性などで不安があります。例えば、近所の人に外で認知症の人を見かけたら声をかけてくださいとお願いした場合、その人の外出に合わせたタイミングでのかかわりは期待できますが、近所の人の都合もあるため常に同じかかわりを期待することはできません。

図表1-1 社会資源の供給主体（フォーマルとインフォーマル）

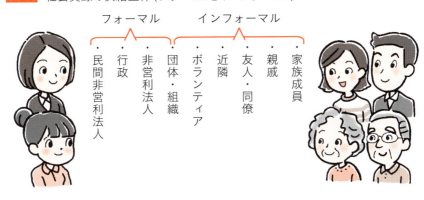

フォーマル
・民間非営利法人
・行政
・非営利法人
・団体・組織

インフォーマル
・ボランティア
・近隣
・友人・同僚
・親戚
・家族成員

ケアマネジメントにおける社会資源とは

　ケアマネジメントは、こうした社会資源を利用者がそのニーズの充足のために活用できるよう支援していく活動だといえます。介護保険制度におけるケアマネジメント、すなわち、居宅介護支援の定義をみてみると以下のようになります。

> 「居宅介護支援」とは、居宅の要介護者が居宅サービス等を適切に利用できるよう、心身の状況、置かれている環境、要介護者の希望等を勘案し、居宅サービス計画を作成するとともに、サービス事業者等との連絡調整を行い、介護保険施設等への入所を要する場合は、当該施設等への紹介を行うことをいう。

　この「サービス事業者等」が社会資源にあたる部分になります。「等」なので、介護保険制度に位置付けられたサービス事業者以外にもさまざまなフォーマル、インフォーマルな社会資源が含まれると解釈すべきでしょう。居宅介護支援とは、それらの社会資源を調整し、利用者の課題解決に向けてそれぞれが十分に力を発揮できるようにしていくことであるといえます。言い換えれば、ケアマネジメントとは社会資源の活用こそがその核となるサービスなのです。

社会資源活用の基本姿勢

　では、社会資源をどう考え、どのように活用していったらよいでしょうか。利用者は介護保険料を払っているのだから、困っていることにどんどん介護保険サービスを使っていくという考え方もあると思います。しかし、本当にそれでよいのでしょうか。ケアマネジメントは何を目的に行われるのか、介護保険法の目的から考えてみたいと思います。

> 介護保険法第1条
> この法律は、加齢に伴って生ずる心身の変化に起因する疾病等により要介護状態となり、入浴、排せつ、食事等の介護、機能訓練並びに看護及び療養上の管理その他の医療を要する者等について、これらの者が尊厳を保持し、その有する能力に応じ自立した日常生活を営むことができるよう、必要な保健医療サービス及び福祉サービスに係る給付を行うため、国民の共同連帯の理念に基づき介護保険制度を設け、その行う保険給付等に関して必要な事項を定め、もって国民の保健医療の向上及び福祉の増進を図ることを目的とする。

尊厳の保持

　下線を引いた部分に着目してください。まず、「尊厳」という言葉が出てきます。この尊厳というのはなかなか難しい言葉ですが、1人の人間としてその権利が侵されず、尊重されること。介護が必要な状態になっても、自分が1人の人間として尊重され、かけがえのない大切な存在であると感じられることといってもよいと思います。

　利用者の尊厳を大切にする具体的な実践の1つとして、利用者の自己決定を尊重することがあります。自分の生活や人生にとって大切なことを自分抜きで決められてしまう状態で、自分を大切に感じることができるでしょうか。ケアマネジャーには利用者がどのような状態になっても自己決定できるように支援する姿勢が求められます。

自立支援

　次に「その有する能力に応じ自立した日常生活を営むこと」とあります。要介護者は老化や病気、心身の障害から、若いころと比べてできないことが増えていきます。そうした要介護者にとって、自立した日常生活とはどのような生活を指すのでしょうか。自立というと、他者の助けなしに自分1人の力で物事を行うといったことが思い浮かびます。しかし、ほとんどの人は、要介護状態でなくても、他の人の助けなしに日々を暮らすことはできません。例えば、私たちはスマートフォンが動く仕組みなどは理解していなくても問題なくそれらを利用して暮らせています。つまり、自立した暮らしとは、自らの能力に応じて、できる範囲でそれらの社会資源を活用しながら、自らの暮らしのあり方に主体的に関与している状態であるといえます。

　そう考えると「その有する能力に応じ自立した日常生活を営むこと」とは、要介護状態になっても、さまざまな社会資源をその時の能力に応じて使いながら、自らの暮らしのありように主体的に関与し、コントロールできていると感じている状態といえないでしょうか。そして自立支援とは、利用者の心身機能が改善し、自らのできることが増えていくことや、利用者自身が社会資源に関する知識を獲得し活用しながら暮らしのなかでコントロールできるところを増やしていくことと言えます。寝たきりや重度の認知症によってそうした能力の向上が十分に望めない場合であっても、可能な限り主体的に関与していけるよう、環境を調整していくという視点が自立支援において重要な視点になります。

　このように考えれば、利用者の自立支援に向けたケアマネジメントとは、利用者の主体性を尊重しながら社会資源を調整・活用しつつ、本人の心身機能や暮らしへの意欲を高め、利用者本人が関与できる暮らしの範囲を拡大していけるようにしていくことであるといえます。

> 社会資源は使えばいいというものではありません。介護保険法の目的（第1条）である「尊厳の保持」「自立支援」の視点を忘れずに、活用しましょう。

02 言語化できないニーズを読み取り、共有化して、社会資源につなぐ

POINT
利用者の言動の背景にあるニーズを予測し、それをお互いに共有できるような働きかけをしてみましょう。

事例

　Aさん（87歳、男性、要介護1）は身寄りがなく、一人暮らしです。初期の認知症もあり、家の中は散らかっていて、バランスの良い食事もとれていない状況ですが、本人は「何も困っていない」と言います。

　地域包括支援センターの紹介で担当になったBケアマネジャーは、サービス導入を急がず、まずは訪問を繰り返し、信頼関係づくりに努めました。少しずつ若いころの自慢話や趣味の写真の話をしてくれるようになったある日、「お茶を出したいけれど、台所が片づいてなくてね…」とすまなそうに口にされました。そこで、一緒に片づけて、温かいお茶を飲んだところ、「実は食事も出来合いの冷たいもので、本当は自分で料理したいんだけど…」と思いを語ってくれました。そこで、Bケアマネジャーが「一緒に買い物をしたり、調理を手伝ってくれる人を紹介したい」と言うと、「あなたの知り合いなら会ってみようか」とおっしゃってくれました。その後、定期的な訪問介護につなげることが可能になりました。

マズローの欲求5段階説を用いたニーズの整理

　アメリカ合衆国の心理学者であるアブラハム・ハロルド・マズロー（ABrAhAm HArold MAslow）は、人間の欲求を5つの階層によって説明しました。
　第一階層の「生理的欲求」は、食欲や睡眠、排せつなど、生きていくための基

02 言語化できないニーズを読み取り、共有化して、社会資源につなぐ

図表1-2 マズローの欲求5段階節と言動の背景にあるニーズ

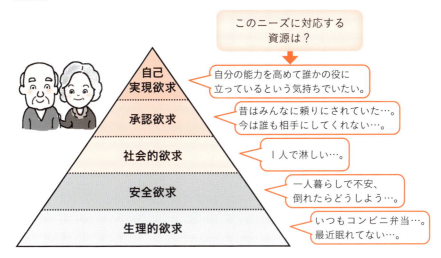

本的・本能的な欲求になります。この欲求がある程度満たされると危機を回避したい、安全・安心な暮らしがしたいという第二階層の「安全欲求」を求めるようになります。さらに、この「安全欲求」が満たされると、次の階層であるなんらかの集団に属したり、仲間が欲しいといった「社会的欲求（帰属欲求）」を求めるようになります。続いて、他者から認められたい、尊敬されたいという第四階層の「承認欲求（尊厳欲求）」が生じ、そしてその「承認欲求」が満たされると、最後に自分の能力を引き出し創造的活動がしたいといった「自己実現欲求」が生まれるとされます。

より下位のニーズによって、高次のニーズが基礎づけられる

この考え方はケアマネジメントにおいてもさまざまな示唆を与えてくれています。つまり、ケアマネジャーがかかわる利用者の目指すべき暮らしを形づくるさまざまなニーズを階層によって整理し、より下位のニーズによって高次のニーズが基礎づけられていると考えることができるのです。この考え方に基づけば、食事や排せつのニーズと、レクリエーションやレジャーのニーズのどちらを優先しなければならないかの整理がつきます。

また、生理的欲求や安全欲求といった下位のニーズを満たす目的は、承認欲求や、自己実現欲求という上位のニーズに関連づけられるということになります。ケアマネジャーはまず、介護サービスにつなぐことによって、生理的なニーズの充足をしっかりと保障できるマネジメントが要求されるのです。さらにいえば、それらのニーズを満たすうえで欠かせない健康の問題があれば、医療サービスによる保障を、経済基盤が揺らいでいる場合は生活保護法などの経済的な補償を、虐待や詐欺被害によって安全・安心が揺らいでいる場合は、権利擁護を行う必要があります。

言動の背景にある、満たされないニーズを予測する

　利用者はこれらのニーズをさまざまな言動で表現します。また、認知症の人であれば、BPSD（行動・心理症状）としてそれらが表現される場合もあります。例えば、認知症の人が自宅にいるのに「家に帰ります」と言う背景には、「馴染みの

図表1-3 表出されているニーズと表出されていないニーズ

認知症の人が家にいるのに「家に帰りたい」

では、「家に帰る」以外で提案できる支援は？

ない場所で、落ち着いて寝たり、食べたりできない」といった生理的欲求や、安全欲求が満たされていない、あるいは、「何もやることがないし、私は必要とされていない、家に帰ってやらなければならないことがある」といった社会的欲求や承認欲求が満たされていないといったことがあるかもしれません。

　また、これらのニーズは明確に利用者にも認識されていない場合もあります。例えば、事例のように、部屋が乱雑で、明らかに快適な生活とはいえない状況にもかかわらず、「困っていることはない」と言っている利用者であっても、その利用者を取り巻く状況が利用者自身の解決能力を超えており、その無力感からそう言わざるをえないだけということもあります。そのような場合は、ケアマネジャーは利用者の暮らしの様子や、こうした言動の背景にある満たされないニーズを予測し、必要と考えられるサービスを紹介したり、お試しで利用してもらうことでそのニーズを認識してもらうように働きかけていきます。

　社会資源がマッチングすることで「〇〇したい」というニーズが利用者に認識され、ケアマネジャーと共有化されることによって、その社会資源の利用をケアプランに記載できるようになります。冒頭の事例でいえば、訪問介護の利用を想定して、一緒にキッチンを少し片づけてみるといったほんのわずかな変化が暮らしに加えられることによって、「快適に暮らしたい」という見えなかったニーズが認識され、訪問介護を利用しながら、生活の改善に向けた一歩を利用者と歩みだすことができるのかもしれません。

> **まとめ**
> 利用者の「困っていることはありません」という言葉の裏にあるニーズを予測し、そのニーズを確認してもらうように働きかけ、社会資源とマッチングさせることもケアマネジャーの役割です。

03 社会資源を利用者の視点から意味づける

> **POINT**
> 各社会資源に、利用者の暮らしや人生にとって価値ある意味づけを行い、利用者が主体的に資源を活用できるよう支援しましょう。

事例

 1年前に妻を亡くしたAさん（80歳、男性）は、半年ほど前から元気がなく、家で1人で過ごすことが多くなっていました。足腰も弱り、屋内の移動も困難な状況です。心配になった近くに住む娘が医師に相談したところ、介護保険を申請して、通所介護を利用することを勧められました。

 担当したケアマネジャーは、Aさんから「娘に迷惑をかけたくない。家にばっかりいる生活を変えたいが、どうしたらよいかわからない」といった思いを聞き、娘さんの意向もあるので、とりあえず自法人のデイサービスの紹介をしました。しかし、デイサービスの様子を見学したAさんはまったく気乗りがしないようで、「あんなに人がたくさんで騒がしいところに行きたくない。やはり家にいたい」と言っています。

社会資源を利用する意味

 さて、Aさんはデイサービスの利用を望んでいないのでしょうか。それとも、「ケアマネジャーの紹介したデイサービス」の利用を望んでいないのでしょうか。また、そのデイサービスのどのような点について、気乗りがしていないのでしょうか。

 改めてAさんがデイサービスを利用する意味について考えてみたいと思いま

 す。Aさんは主訴として、「今の生活を変えたいが、どうしたらよいかはわからない」と言っています。妻の死や自身の体力の低下といった状況のなかで、なかなか望む暮らしの展望が描けない状況にあると考えられます。このような場合、とりあえず、ケアマネジャーがその専門的見地から必要と考えるサービスを提案し、利用してもらうというアプローチもあります。これにより起こる暮らしの変化が本人にさまざまな可能性や選択肢を広げ、それをふまえることでケアマネジャーと本人との間に暮らしの展望がみえてくることもあるでしょう。

 特にAさんは、娘に心配をかけたくないという思いがあります。娘の意向にしたがって、デイサービスを提案するという、ここでのケアマネジャーのアプローチはそうした意味で考えればAさんにとって無理のない提案とも考えられます。しかし、もう一歩踏み込んで、Aさんの視点から、自法人のデイサービスを使う意味について考えてみると、違う提案の仕方が検討できるかもしれません。

社会資源がもつ多様性に着目する

　Aさんは、とりあえずケアマネジャーが紹介したデイサービスに見学に行きました。つまり、サービスの利用自体にはそれほど消極的ではないのでしょう。しかしながら、見学した事業所の様子をみて、「あんなに人がたくさんで騒がしいところに行きたくない。やはり家にいたい」と言っています。現在の静かなAさんの日常から考えると、あまりにも変化が大きくなることが予想され、それを負担に感じているかもしれません。もちろん、この時点で別のサービスを検討するということも可能ですが、もし、デイサービスの利用について再考するならば、Aさんの立場にたってみて、行ってみたいと思うデイサービスを検討してみる必要があります。

　Aさんの発言から、人があまり多くなく、実施されるアクティビティも騒がしくないデイサービスがよいように思われます。加えて、Aさんの視点に立ちながら、例えば、男性の利用者が比較的多いほうがよいのか、施設や職員の雰囲気はどのようなものがよいかといったことも検討されるべきでしょう。Aさんにとっては、娘の意向もあるし、自分も家に引きこもりぎみの今の暮らしをなんとかしたいと思っているなかで、「ここなら、仲間に入れてもらって、少しずつ慣れていくことができるかもしれない」と思えるようなデイサービスにつなぐことができたらよいと思います。

　もし適切な事業所がその地域になかったとしても、各事業所のサービスがもっている多様な側面に着目し、Aさんのニーズにとっての積極的な意味をつくり出していくことが可能かもしれません。例えば、「Aさんの知り合いの〇〇さんも通っている」「個別のプログラムもあって、Aさんの好きな〇〇がある」というような側面に着目し、Aさんにとってそれが好ましければ、そのデイサービスの利用に積極的な意味を見出すことができるかもしれません。

　このように、デイサービスと一口に言っても、事業所によってさまざまな特徴があります。そして、そのデイサービスを利用する意味は、本人によって異なります。「外出の機会が減っている」→「外出の機会を増やす」→「デイサービス」といった形で、ただ単にサービスをあてがうのではなく、「この事業所のサービスを利用することが、今の暮らしや目指すべき暮らしのなかでどのような意味があ

るのか」ということについて、本人が意味づけられるような働きかけが必要です。

たとえ同じサービスでも、本人がそのサービスを利用する理由によって多様なニーズに応えていく社会資源となります。好きなレクリエーションに参加することや、昔から知っている馴染みの職員や知人に会いに行く、おいしい食事を食べたい、ということもあるかもしれません。そうした１つの社会資源がもつ多様なチャンネルを、利用者が自らの生活や人生に意味づけていくことを支援できるかが大切なのです。

利用者の人生や暮らしは複雑

利用者のニーズを「外出の機会が減っている」→「外出の機会を増やす」→「デイサービス」という形で、非常に単純な数式のように考えてしまうと、個々の利用者の暮らしや人生までもが非常に単純なパズルの組み合わせのようになり、該当するサービスを組み合わせるだけのケアマネジメントになってしまう危険性があります。それは言い換えれば、個々の暮らしや人生の匂いがしない、記号化された高齢者像に基づく本人不在のケアマネジメントといえます。社会資源を活用するのはケアマネジャーではありません。利用者が活用するのです。社会資源をそれぞれの暮らしや人生に意味づけ、主体的に活用していけるよう支援することがケアマネジャーの役割なのです。

まとめ

利用者の暮らしや人生は非常に複雑です。サービス提供が単純なパズルの組み合わせにならないよう、利用者主体で、意向をくみながら支援していくことが大切です。

04 利用者の暮らしを社会資源の関連のなかで再構築する

POINT
利用者が社会資源を利用して生活を再構築していく間、共に歩む姿勢で提案や説明を行い、サービスを経験する機会を提供していきましょう。

事例

　新人ケアマネジャーのAさんは、地域包括支援センターから紹介を受けたBさん（84歳、女性、要介護1）を訪問しました。Aケアマネジャーは「これから支援を開始するにあたって、困っていることはありますか？　どんな生活をしたいですか？」と尋ねました。Bさんは「特にありません。これまでどおりに生活したい」とおっしゃいました。しかし、別居の息子は「母は一人暮らしで1日中テレビを観て過ごしている。他人と交流がないのはよくないから、外出の機会をつくってほしい」と言います。Aケアマネジャーはアセスメントシートの主訴に「これまでどおりに生活したい」と書きましたが、息子の希望をくんで、週1回のデイサービスの利用を開始しました。

　Bさんはデイサービスに行き始めると、気の合う利用者がいたようで、楽しく過ごしているようでした。モニタリングのためにBさん宅をうかがうと、「○○さん（通所介護の名称）に通って、皆さんとお話したいです」とおっしゃいました。

「このままでいいです…」の言葉の裏側にあるもの

　「どのような生活を望んでいますか」。要介護者がこの質問に明確に応えるのは容易ではありません。要介護状態にある人は、それまでの生活がおくれないよう

1 自立支援に向けてニーズと社会資源をつなぐ

な心身の障害をもっているのです。つまり、今後、どのような生活が実現可能なのかの見通しがたっていない状態なのです。そうした状況にある人に対して「どのような生活を望んでいるか」と尋ねれば、「いままでどうりに」や「特にありません」と応える人がいても当然でしょう。

　では、「望み」とはどのように生じるのでしょうか。それは、実現可能性のある選択肢との関係のなかで生じるといえるでしょう。要介護高齢者に対するケアマネジメントとは、多くの場合、後天的な障害をもった人に対する支援になります。つまり、それまでおくってきた生活が、要介護状態になることによりおくれなくなった人に対して、生活を再構築するための支援になります。高齢者のなかには、どのような選択肢が存在しているかがわからず「実現可能な生活」の姿がみえない状態である人もいるかもしれません。テレビがない時代に、テレビを観たいという欲求が生じないように、こうしたい、こうなったらいいなというのは、その人がこれまでの人生経験のなかで獲得した実現可能性のある欲求を満たす手段・方法が前提で生じるものです。つまり、それまで元気で、デイサービスを経験したことがない人が、デイサービスを利用することで、どのような暮らしが実現するのかを想像することは難しいことです。ケアマネジャーは本人が自身の経験に照らして、「デイサービス」ではなく、「お風呂に入れるところ」「いろいろな人とカラオケできるところ」などというように、どのような暮らしの変化が訪れるのかについて理解し、「○○したい」「○○ができるようになりたい」といった意欲を持てるよう、サービスの提案や説明をすることが求められます。

> **まとめ**
> 利用者が実現したい生活のイメージが描けるよう、利用者の経験から欲求の充足手段として社会資源を提案し、説明できるようにしましょう。

05 共感的理解から利用者の意向を探る

> **POINT**
> 家族やケアマネジャーが「困っていること」ではなく、「利用者が困っていること」を見出しましょう。

事例

　Aケアマネジャーは地域包括支援センターからの紹介でBさん（84歳、男性、要介護2、妻と二人暮らし）を担当することになりました。

　奥さんはデイサービスの利用を希望していますが、Bさんは「そんなものには行かない」と拒否しています。ケアマネジャーとしても、少し奥さんから離れる時間があったほうがよいのではないかと思いましたが、急いでサービスにつながず、まず週に1回程度Bさんと話をするために訪問をすることにしました。

　数回目の訪問の際、Bさんと2人きりになりました。そこで、奥さんの様子について話し合ったところ、本当に頼りに思っているが、最近イライラして自分に強くあたってくることを心配していました。また、家にいてばかりではダメだと思っているが、デイサービスは女性が多く、幼稚なプログラムをしているといった偏見があることがわかりました。

　そこでAケアマネジャーは、男性利用者が多く、個別プログラムを多く実施している地域密着型のデイサービスを紹介し、見学できるように調整を行いました。見学した際、Bさんと話のあいそうな男性利用者とお茶を飲みながら話したり、個別プログラムに参加するなどして、Bさんもここが気に入ったようでした。その後、何回か奥さんと一緒に行く形でデイサービスの利用が始まりました。1か月ほど経つと、ご自身だけで行くようになりました。

本人とケアマネジャーの間のズレを埋める

　ケアマネジメントが開始されるルートには、要介護者からサービス利用の申請がある場合と、本人にはその意思が明確でなくても、行政機関、医師などの専門職や専門機関、あるいは家族や地域住民などから申請がなされる場合の2通りがあると考えられます。

　特に後者の場合においては、本人の主体的な利用に向けた動機をどう醸成するのかがケアマネジャーに求められます。これがうまくいかないと、本人がケアマネジャーの提案を拒否することもあります。つまり、本人の現状認識や目標とする生活状態と、ケアマネジャーや家族との認識にズレが生じていることを意味します。このズレは、ケアマネジメントを行ううえで常に存在しているといえますが、後者の場合はそれが非常に大きくなってしまっているのです。

本人の立場にたって共感的に状況を理解する

　この場合、まず、「なぜ、本人はこちらの提案に前向きになれないのか」というズレの理由を、徹底的に本人の立場にたって、アセスメントを展開しながら考え

ていく必要があります。そして、「ああ、なるほど。確かに○○さんであれば、こういう理由では、この提案にはのれないだろう」という共感的な理解に至る必要があります。そうすることによって、現状や目標となる生活状態の認識のズレを修正します。つまり、今、利用者本人がどう「生きたいのか」が理解でき、そう生きることを阻害している課題の姿が明らかになります。そして、利用者の課題可決に向けた意味のある一歩となるような提案を行っていくことが可能になります。

このプロセスは本人から信頼を得ていく過程に伴いより促進されます。このように、「家族の困っていること」「ケアマネジャーが困っていること」ではなく、「利用者が困っていること」を見出すことが本当の意味での支援の一歩となります。

重きを置くのは「本人の意向・思い」

ケアマネジャーとしては、「間違いなくこれは必要」と思われるサービスも、あくまで一方的な認識に基づいたものだという自戒が必要です。そのため、支援の方向性をめぐっては、「私はこうしたほうがよいと思う。あなたはどう思うか」という対話を通して、本人も家族もケアマネジャーも了解できる落としどころを見つけながら支援を展開していくことが求められます。両者の合意が得られたサービスを利用していくことで、本人の生活の改善に対する動機が強化され、ケアマネジャーがそのための重要な社会資源として認識されていくことになります。

このやり取りのなかでケアマネジャー、家族、本人の意向・思いが、まるで天秤のように揺れ動きます。しかし、最後に重きをおくのは「本人の意向・思い」です。この揺れ動きや対話をともに共有してくれる存在であるからこそ、ケアマネジャーが必要とされるのです。

> **まとめ**
> ケアマネジャーの提案が本人に拒否されるのは、お互いの認識にズレがあるからです。徹底的に本人の立場にたって、認識のズレを探り、修正しましょう。

利用者を中心とした支援ネットワークの形成

2

CONTENTS

- 01 利用者の暮らしと社会資源のつながり
- 02 社会関係の最適化を目指す
- 03 家族のエンパワメント
- 04 医療ケアに対応できる支援体制の構築
- 05 ケアチームの構築と連携

01 利用者の暮らしと社会資源のつながり

> **POINT**
> 利用者の暮らしを形づくっているさまざまな社会資源とのつながりがもつ役割や機能、可能性をしっかり把握しましょう。

事例

　転倒して骨折して以来、外出の機会が減ってしまったBさん（82歳、女性、要介護1）。外出の機会を増やしたいのでデイサービスを使いたいという家族からの要望を受けて、Aケアマネジャーが担当することになりました。

　アセスメントのなかで、Bさんは昔からこの地域で暮らしており、近くに住んでいる高校時代からの親友に定期的に会うことを何よりの楽しみとしていること。骨折をする前は、町内会に顔を出し、商店街で買い物をしたり、なじみのお蕎麦屋さんに行って食事をするなど、地域の人たちとのかかわりを大切にしていたことがわかりました。

Bさんにとっての社会資源とは

　Bさんが行きたいのは「デイサービス」なのでしょうか。本音を言えば、高校時代の友人とのお茶会や町内会の集まり、商店街やなじみのお蕎麦屋さんに行くことでしょう。これらがBさんの暮らしや人生にとって、大切な意味をもっていることは明らかです。これこそがBさんにとっての大切な社会資源なのです。

　Bさんがそれまでの暮らしを形づくっていたつながりを維持したいのであるならば、その方法は、デイサービスを利用することではないはずです。Bさんの支援を考えるうえで、地域の人々との関係という社会資源がもつ意味を考えながら、

現在のBさんの心身の状況をふまえて、どのように暮らしを建て直していくのかを考えなければなりません。

　長い人生の途中で介護が必要になった利用者は、それまでと同様の生活をおくることが困難になり、生活を再構築していくことが必要になります。年齢が若返ったり、病気が完全に治って、心身の障害もまったくなくなった状態に回復できれば、また元の生活に戻ることもできるかもしれませんが、そうしたことは非現実的でしょう。だからこそ、現在の状態を受け入れつつ、どのような暮らしを実現することが可能なのかの展望を描いていくことが必要になります。

利用者が大切にしている社会資源のつながりを維持する

　Bさんの語りから、その展望のなかに、高校時代の友人とのお茶会や町内会の集まり、商店街での買い物、なじみのお蕎麦屋さんといった、それまで大切にしてきた社会資源を位置づけていきたいという思いを読み取ることができます。こうしたBさんが大切に考える社会資源とのつながりを維持できるよう、あるいは、今のBさんにとっての適切な関係を再構築していけるようにするための方法は何

かを検討することがアセスメントで必要となってくると考えます。

　Bさん自身に意欲があるならば、例えば、高校時代の友人に会いに行く方法を検討してみるのもよいでしょう。もし、外出が難しければ、友人がBさんのご自宅を訪ねてきてくれるよう、Bさんの身支度や部屋の掃除などの支援の方法を検討してみることも可能性としてみえてくるかもしれません。そうした外出支援や、生活支援の部分に、もし友人や町内会の人の協力を得ることができれば、介護保険サービスを使わずともできることがあるかもしれません。安易な介護保険サービスの利用は、Bさんの社会資源とのつながりがもつ、そうした可能性を奪ってしまうことにもなるのです。

介護保険サービスの利用が与える影響を考える

　ケアマネジャーにとって、自身の存在意義を考えるうえで、介護保険サービスはセットとして、切っても切り離せないような関係にあると考えられます。しかしながら、利用者の生活や暮らしを考えたときに、介護保険サービスが与える影響は決して小さくありません。一見、うまくいっているようにみえても、利用者が大切にしてきた暮らしのあり方を大きく変容させるようなインパクトをもっている可能性があります。そのサービスの利用が本当に利用者の暮らしをより豊かで幸せなものにするのか、介護保険サービスの利用を検討するときは、利用者の暮らしを形づくっているさまざまな社会資源とのつながりがもつ役割や機能、可能性をしっかり把握したうえで行っていく必要があります。

> それまでの暮らしを形づくっていた1つひとつが社会資源です。そのつながりを維持するように支援を検討しましょう。

ケアマネジャーの自己覚知

COLUMN 2

利用者を中心とした支援ネットワークの形成

　ケアマネジメントにおいて、ケアマネジャー自身の価値観に気づくこと、すなわち自己覚知はとても重要です。社会資源の活用という点で考えてみれば、利用者の暮らしをどのようにしていくべきか、そのためにどのようなサービスを紹介し、提案するかにケアマネジャー自身の価値観が影響を与える可能性があります。特に認知症等で意思疎通が難しい場合は、利用者の意向や思いを対話しながら確認していくことが難しいため、ケアマネジャーの価値判断が大きく関与していくことになります。

　例えば、ケアマネジャーは雑然とした部屋で生活している利用者の部屋を片づけたほうが快適だろうと考えても、利用者は長年そうした暮らしを続けており、むしろ雑然としていたほうが落ち着くと考えているかもしれません。また、2つのデイサービスのうち、ケアマネジャーの判断でAデイサービスのみを紹介すれば、利用者はBデイサービスを選択肢とすることはできません。

　「生活」や「暮らし」の支援であるケアマネジメントのゴールは、骨折が治る、発熱が下がるというようなものではなく、どう生きたいのか、どう暮らしたいのかといった個々の利用者の価値観を抜きにして決めることはできません。そのため、ケアマネジメントを行うにあたって、ケアマネジャーは自身の「こういう生活が幸せなはず」「だから絶対こうしたほうがよい」という自らの価値観を自覚し、それを一端脇に置いて利用者の価値観にしっかりと向き合っていく必要があります。そうでなければ、ケアマネジャーの価値感に基づいて利用者の暮らしや人生を支配し、コントロールするかかわりになってしまうかもしれません。

02 社会関係の最適化を目指す

> **POINT**
> 利用者がもともともっている社会資源を大切にし、利用者とその社会資源間の関係を最適化できるよう働きかけましょう。

事例

　AケアマネジャーはBさんの退院後の支援を行うことになりました。Bさんは在宅生活を強く望んでいましたが、独居であり、軽度の認知症もありました。退院前に病室で話をしたところ、入院前は近所の昔なじみのおかみさんが運営する居酒屋によく行っていたこと。お風呂はあまり自宅では入らず、銭湯を利用し、帰りに知り合いが経営しているお弁当屋さんでたまにサービスをしてもらってお弁当を買って帰るなど、在宅での楽しい生活の様子を語ってくれました。

　そこでBさんと一緒に街を歩きながら、居酒屋のおかみさん、銭湯やお弁当屋さんにも見守りや声掛けをお願いできないか聞いてみました。3人は、Bさんのためであればできることはしたいと言ってくれました。そこで3人も招いてサービス担当者会議を開くことにしました。

フォーマルとインフォーマルな社会資源を組み合わせる

　ケアマネジャーがかかわる利用者の暮らしを構成する要素を非常に単純化してみると、利用者自身と、それを取りまく社会資源で成り立っているとみることができます。あたりまえのことですが、ケアマネジャーがかかわるずっと以前から、利用者はなんらかの社会資源とつながりながら暮らしています。そして、そのつながりの中で、生きていくためのさまざまなニーズを満たし、喜んだり、悲しん

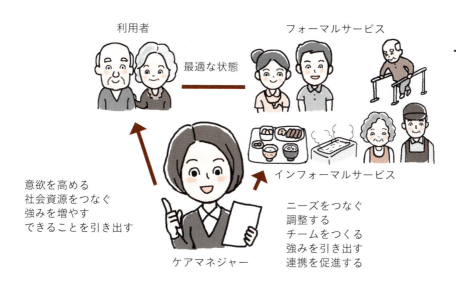

だり、生きがいを見出したりしています。介護保険サービスは、そうした利用者の暮らしに新たに加わる社会資源の1つということになります。

　さて、暮らしがうまくいっているというのは利用者自身の能力と、さまざまな環境の機能（社会資源）の2つの関係がうまくいっているといえます。逆に、要介護状態になり、利用者自身でできることが少なくなってくれば、それまでの暮らしを形づくっていた社会資源との間で不適合が発生し、それによって暮らしづらさが生まれます。ケアマネジメントは、この暮らしづらさを改善するために利用者とその社会資源間の両面に介入し、最適化を図る営みといえます。

　ケアマネジメントで行われる、介護保険サービスをはじめとした諸サービスの利用もこの最適化の方法の1つということができます。つまり、たとえ要介護状態であっても、バリアフリーの家屋や地域環境、十分な介護を提供できる家族や友人の存在などの人的・物的な社会資源と、利用者の暮らしのニーズがうまくかみ合っていて調和がとれているのであれば、ケアマネジメントは必要ないかもしれません。逆に、同じ要介護状態であっても、こうした社会資源との関係がうまくいかなくなっている状況がケアマネジメントを必要とする状態といえるでしょう。

Bさんは昔なじみのおかみさんが運営する居酒屋、近所の銭湯やお弁当屋さんなど、さまざまな社会関係の中で暮らしを営んでいました。こうした関係性は、BさんがBさんらしく生き続けるために必要な関係だと考えられます。一方で、Bさんは軽度の認知症を患い、要介護状態となっています。その上で、Bさん自身とその社会資源との間にどう最適な状態をつくり出していくかを検討していく必要があります。どのような介護保険サービスの利用が必要かはその文脈の中で検討されるべきでしょう。

　Bさんが要介護状態になることによって、これまでの社会関係にはなんらかの変化が生じてくるでしょう。しかしながら、Bさんの新たな人生の出発点ととらえ、Bさんが認知症になったことでできなくなっていくことや、それでもBさんが残された力で、これらの社会関係の中でできることをそれぞれ共有しあいながら、今のBさんに合わせた関係に再構築できるよう支援をしていきましょう。

まとめ

要介護状態になる前の利用者の暮らしをふまえた生活の再構築のあり方を利用者とともに考え、一歩踏み出していきましょう。

エンパワメントの主人公は本人

COLUMN 2 利用者を中心とした支援ネットワークの形成

エンパワメントとは、福祉や医療の分野だけでなく、さまざまな領域でも使われている言葉です。福祉や医療などの対人援助におけるエンパワメントとは、人とその人の環境との間の関係の質に焦点をあて、環境を改善する力を高め、自分たちの生活のあり方をコントロールし、自己決定できるようにし、かつそれを可能にする公正な社会の実現を目指す過程のこととされています。

エンパワメントにおいては、人々の自己実現に向けて、その人々がもつ潜在的な可能性を絶対的に信頼する姿勢が大事になります。またそれと同時に、生きづらさといった問題を考えるうえで、社会的な側面に着目をしていることが特徴になります。

つまり、エンパワメントにおいては、生活がうまくいかないと感じている人がいたとき、その人の成長や発達、あるいは自己実現に向けたさまざまな可能性を阻害し、生活を困難にしている環境要因、例えば社会福祉サービスへの公正なアクセスの機会が限られているなどの阻害要因に着目します。そして、支援者はそれらの阻害要因を軽減・除去し、環境要因を改善していくために、人と環境の両者に働きかけながら、その人自身の力で生活を安定させ、かつ環境を変えていくような力を発達させていくよう、パートナーシップのなかで支援をしていくことになります。

03 家族のエンパワメント

> **POINT**
> 家族自身の力や家族の社会資源にも着目し、それを活かすかかわりを検討しましょう。

事例

　Aさんは、妻の介護をしています。妻は1年前から認知症の症状がみられるようになりました。Aさんは介護に疲れている様子がみられますが、最後まで自分が介護したいと思っており、介護保険サービスの利用に踏み切りがつかない状況です。そこでケアマネジャーは認知症カフェを紹介し、夫婦一緒に参加してもらいました。

　認知症カフェの感想をAさんにうかがうと、病気について専門医から話を聞き、妻のさまざまな言動が認知症の症状からくるものであることが理解できて参加してよかったと話してくれました。ケアマネジャーはAさんに、認知症に対応したさまざまな社会資源があることを紹介し、加えて認知症は専門家でもケアが難しいのに、Aさんはよくやっていると労をねぎらいました。

　その後、妻は認知症対応型通所介護の利用を開始しました。Aさんは、そのスタッフから助言をもらったり、認知症サポーター養成講座を受講したりしながら認知症について学んでいきました。また、妻と離れる時間が増えたことから、二人暮らしを前向きに継続できています。

利用者も家族もハッピーになれる支援を目指す

　在宅介護は長期にわたることが多く、要介護者の在宅生活がその家族介護者に

よって支えられている場合には、家族介護者の状態が在宅生活の継続を左右していきます。一方で、在宅生活の継続を希望する家族介護者にとって、大切な配偶者や親の介護をすることが、義務というよりも、自身の人生の大切な一部として位置づけられている状況があります。言い換えれば、介護者の自己実現にとって大きな意味をもっている場合があります。そのため、在宅介護の挫折は大きな後悔を残すことになりかねません。「あのとき、もう少し○○してあげればよかった…」。こうした思いをそれからの人生でずっと抱えていかなければならないのです。このような家族にとっても本人にとってもつらい状況が起こることは避けなければなりません。そのため、ケアマネジャーは利用者本人だけでなく、その介護者も含めた家族全体を包括的にとらえながら援助をしていく必要があります。本人と家族それぞれの状態は別々のものではなく関係し合っており、ケアマネジャーは本人も家族も両者がハッピーになれる支援を目指して行く必要があります。

家族をエンパワメントすることの大切さ

在宅介護を希望する家族に対しては、家族自身が生活のコントロール感を取り戻し、自らの力で課題を解決してく力を身につけていくこと、すなわち、エンパワメントを意図してかかわっていきましょう。エンパワメントに向けて、まず家族が頑張っていることを支持し、できないことではなく、今できていることを肯定することが大切です。また、介護に必要な知識や技術を身につけていく機会を提供することで、現状への対処能力の向上を図ることができます。併せて家族自身がもっている友人や親族から得られるソーシャルサポートの強化等ができるように働きかけていきましょう。

この家族自身への働きかけと同時に、介護サービス（社会資源）を活用し、家族の介護負担を軽減し、家族自身が問題に対処できるレベルに環境を調整していきましょう。

一方で、自分の負担を軽減するために介護保険サービスを使うことに家族が罪悪感をもってしまうこともあります。ましてそのサービスが、本人が望まないものであった場合、その罪悪感から「苦しくても介護保険を利用せず、頑張らなけ

ればならない」と自分を追い詰めてしまうかもしれません。こうならないように主介護者と利用者との関係性に関するアセスメントを通して、サービスの導入に際しては、両者への十分な説明や事前の体験利用など、必要な配慮をしていきましょう。そのため、ケアマネジャーは利用者だけでなく、個々の家族の状態も視野に入れながら、導入しようとしているサービスが本人、家族にどのような影響を及ぼすのか、本人と家族間の関係性に対するアセスメントやモニタリングを行う必要があります。

家族関係を鳥瞰的に把握する

　こうした利用者や家族との関係、またそれを取り囲む社会資源との関係性を把握する方法としてジェノグラムやエコマップがあります。こうしたマッピングの技法を活用し、利用者とそれを取り巻く関係者、関係機関との関係性を鳥瞰的にとらえる一方で、それぞれの関係者の視点にたち、その状況を複眼的に把握しながら、課題の原因探しや悪者探しをするのではなく、それぞれのエンパワメントを目標に、関係性に働きかける視点でかかわりましょう。

図表2-1 ファミリーマップの例

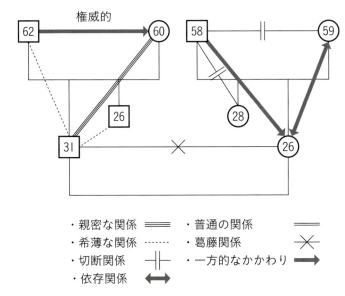

03 家族のエンパワメント

2 利用者を中心とした支援ネットワークの形成

図表2-2 エコマップの例

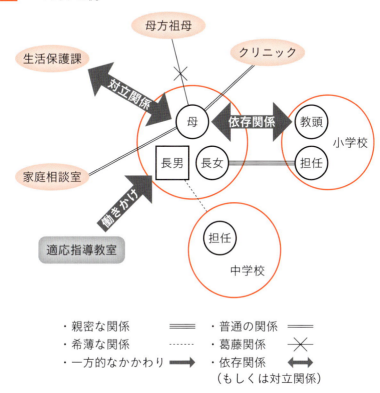

出典:早樫一男『対人援助職のためのジェノグラム入門』中央法規出版,25,26ページ,2016年

> **まとめ**
> 家族の頑張りを支持し、介護に必要な知識や技術を身につけていく支援と合わせて、家族自身の社会資源も活用し、家族自身が対処できるレベルに環境を調整しましょう。

04 医療ケアに対応できる支援体制の構築

> **POINT**
> 各医療職の専門性や
> 連携の仕方を学び、
> チームを形成しましょう。

事例

　Aさん（72歳、男性、要介護4）は70歳で直腸がんと診断され手術を行いました。肺への転移があり、状態は悪化し体力の低下が著しい状態です。医師よりAさんの体力を考えると自宅に帰るのは今の時期しかないと言われ、妻は在宅で看取る決心をしました。

　医療相談室のMSWとケアマネジャーが退院に向けた支援を行うことになり、終末期ケアに積極的に取り組んでいる在宅医師、訪問看護ステーションを利用することになりました。相談窓口を24時間体制の訪問看護ステーションに統一し、ケアマネジャーはベッドのレンタル、訪問介護の調整を行いました。妻は不安もありましたが、退院前に事業所の担当者が病院を訪れ、顔みしりになり信頼関係を築くよう努力をしたことによって、前向きな気持ちに変わってきました。サービス担当者会議を開き、「最期を自宅で過ごさせてあげたい」という思いを関係者で共有しました。

高齢者の身体的特徴

　一般的に、若年者に比べて高齢者は高血圧や糖尿病などの生活習慣病等の慢性疾患を抱えやすく、日常的に医療を必要としている人が多くなります。さらに、要介護状態に陥る原因の多くが、なんらかの疾患や外傷であるため、要介護者の

04 医療ケアに対応できる支援体制の構築

2 利用者を中心とした支援ネットワークの形成

暮らしの支援を考えるうえでも、医療的ケアは切り離せないものとなります。

また、こうした医療ニーズは、利用者の生命に直接かかわるだけに対応の優先度が高いニーズとなります。そのため、例えば透析に伴う定期的な通院や食事の管理、経管栄養の管理や痰の吸引、血糖コントロールのための服薬や食事の管理、インシュリン注射の処置など、利用者の生命に直結するケアが生活の質に大きく影響を与えます。

家族介護者の状況によっては、その対応力を超えてしまい、在宅介護の継続が難しくなってしまう事態を引き起こす可能性が生じます。世帯構成が夫婦のみ世帯、あるいは独居が多くを占める現代においては、主たる介護者が就労していたり、遠方から通っている、介護者自身が要介護状態等のなんらかの支援を要する状態にあるなど、極めて脆弱な介護力のなかで在宅生活を営まざるをえない状況があります。こうした家族の対応力を十分に考慮したうえで、支援体制を構築していくことが重要になります。

医療連携の要は医師

医療ケアに対応できる支援体制を構築するうえで主要な社会資源となるのは、いうまでもなく医療機関になります。そして、医療の提供において中心となるのは「医師」になります。医師の診断と指示に基づき、医療的なケアが展開されるからです。この医療サービスの提供の仕組みと、介護や福祉サービス、イン

図表2-3 主治医との連携

主治医

- ●病状、今後の展望
  - ・病状の安定の度合い
  - ・改善や悪化の可能性
  - ・進行性の疾病であれば、どのくらいの時期にどのような変化が見込まれるか
  - ・利用者・家族に、どのように説明されているか
  - ・利用者・家族がどのように理解・解釈しているか
- ●薬・治療の内容
  - ・薬の種類や服薬上の注意点
  - ・副作用の観察ポイント、報告すべき症状
- ●生活上の注意点
  - ・行ってよいこと、悪いこと
  - ・何に注意して介護・観察をするのか、報告すべき症状（それらがなぜか、理由を意識する）
- ●緊急時の対応
  - ・想定される病状の変化、急変の可能性
  - ・その場合の対応方法

介護支援専門員

- ●病状の変化
  - ・病状がよくなった、悪くなった、副作用が出現した等の情報提供
- ●療養の状況
  - ・利用者が医師の指示を守れているか（服薬、食事、運動等）、家族が無理なく介護できているか、サービス提供者が不安なく支援できているか（いずれかができていない場合には、その具体的な内容を医師に伝え、相談する）
  - ・利用者・家族の健康上の悩みや心配ごと
  - ・生活状況の変化（利用者の意向、サービス利用の増減、家族の体調、家族の入学・卒業や葬儀のようなライフイベント、楽しみにしていることなど）

出典：介護支援専門員テキスト編集委員会編『八訂介護支援専門員基本テキスト第3巻 高齢者保健医療・福祉の基礎知識』一般財団法人長寿社会開発センター，2018年，45ページ

　フォーマルな資源の提供の仕組みを連動させて、チームとして機能するよう調整していく力量がケアマネジャーには求められます。

　なかでも主治医との連携が重要となります。医師とあわせて、連携する看護師や理学療法士等のコ・メディカルスタッフ、医療ソーシャルワーカー（MSW）

のチームと、介護サービスチームが協働できる体制を構築できれば、医療ケアを必要とする利用者の暮らしを支えていくうえで非常に大きな社会資源となります。

医師との連携の仕方

　しかし、ケアマネジャーのなかには、医学的な知識や経験の不足から医師との連絡に高いハードルを感じる人が多くいます。また、患者の生命に直接かかわる医師や看護師は簡潔明瞭なコミュニケーションでスピード感があり、仕事のペースの違いからかかわりを躊躇しがちかもしれません。ですが、他の専門職との連携と同様に、まずは相手に知ってもらい、こちらも相手を知るという「顔のみえる関係」の構築が大切です。

　新規のケースの担当になったタイミングで、主治医に挨拶に行きましょう。その際、必ずアポイントをとるようにします。忙しいなか、挨拶だけに来られても困るという場合もありますので、挨拶の手紙と名刺を受付窓口の職員に渡すといった方法や、連携シートなどがあればそれを活用する等、地域や状況にあったコンタクトの仕方を工夫します。

　医師との窓口となる部署も、医療連携室なのか、退院支援看護師なのか、医療ソーシャルワーカーなのか、病院によってさまざまですし、病状によっても変わってきます。医師会が主催する医療関係者が集まる研修会等に積極的に参加し、顔なじみの関係をつくっていくことによって、そうした情報を得やすい環境を整えていきましょう。

　主治医やかかりつけ医には、ケアプランを提供しつつ、サービス担当者会議にも参加してもらえるよう依頼します。医師が参加しやすいよう、例えば訪問診療にあわせて自宅で行うなど、開催時期や場所を工夫します。

　やってはいけないこととしては、「この人はアルツハイマー型認知症ではないか」などと診断をしたり、「そろそろ入院したほうが良い」といった入退院の判断です。これは医師の業務です。また、主治医に了解をとらず、他の医療機関の受診を勧めてしまうこともいけません。治療や入院の「判断」に関する部分は、まずかかりつけ医に相談をすることが必要です。こうした医療のルールを守れない場合は、信頼を得られず、チームの形成ができません。

ケアマネジャーは、医師が治療方針を決めるさまざまな判断をするための、日常生活上の情報を伝えていく役割があります。限られた時間でスピード感をもって伝えるために、結論から話したり、主観や情緒を省き、客観的な情報を伝えるトレーニングをつんでいきましょう。また、医師や看護師等が必要としている情報をあらかじめ整理しておき、的確に伝えられるようにしていきましょう。そのためにも、医師や看護師等がどのような情報を必要としているのか、相手の立場にたって考えることが大切になります。

参考：高岡里佳監『仕事がはかどるケアマネ術シリーズ⑤知ってつながる！医療・多職種連携―ケーススタディで納得・安心―』第一法規, 2017年

先輩からのアドバイス

　かかりつけ医とは、患者の住まいに近い医院で日常的な健康管理や診療を担う医師のことを指します。ケアマネジャーは、在宅医療についてなにか相談したいことがある場合には、まずかかりつけ医に働きかけます。なお、患者の住まいに訪問し、診療、点滴、入院の調整など多岐にわたって医療サービスを提供する医師のことを在宅診療医といいます。

在宅で受けられる医療的サービス COLUMN 2

利用者を中心とした支援ネットワークの形成

訪問診療

同じ医師の訪問でも、訪問診療と往診は違います。訪問診療は、あらかじめ立てた診療計画に基づいて、医師が定期的に患者の住まいを訪問して診療することを指します。一方、急変時に患者に要請され臨時に行う診療のことを往診といいます。訪問診療をしてくれる医師は、訪問診療に合わせてサービス担当者会議を開催できたり、利用者の在宅生活の様子もよくわかっていることから、連携のしやすさがあります。

訪問歯科診療

訪問歯科診療は、患者が歯科医院まで通えない場合に、歯科医師が患者の住まいを訪問して診療を行います。歯科医が訪問することで、自宅での食事の様子をみることができるなど、きめ細かい診療につながるといったメリットがあります。

訪問薬剤管理指導、訪問栄養食事指導

訪問薬剤管理指導は、自分で薬局に通えない患者の住まいに薬剤師が訪問し、服薬の状況や体調をチェックし医師に報告します。

訪問栄養食事指導は、管理栄養士が住まいに訪問し、在宅患者の栄養状態の改善や食事の指導を行います。いずれも医療保険の適用になります。

居宅療養管理指導

介護保険制度における居宅療養管理指導は、利用者の自宅に医師や歯科医師、薬剤師、歯科衛生士、看護師、管理栄養士などの専門職が訪問して、療養上の指導や健康管理、指導等を行い、療養生活の質を高めるサービスです(治療行為は行いません)。ケアマネジャーに対しては、ケアプランをたてるうえで必要な情報提供がなされます。

05 ケアチームの構築と連携

> **POINT**
> 「人」と「人」をつないで、
> その力が十分に発揮できるような
> ネットワークをつくり、連携していきましょう。

事例

　認知症のAさん(83歳、女性)は身寄りがなく一人暮らしです。かかわり始めたころ、自宅に人が来ることを警戒していたため、ケアマネジャーは訪問介護事業所の管理者に相談し、Aさんと性格があいそうなBさんによる訪問介護を開始しました。AさんはBさんと徐々に打ち解けていきました。

　あるとき、Bさんより薬が飲めていないという情報があり、主治医と相談し、居宅療養管理指導を行うことにしました。また、金銭管理に大きな課題があることがわかり、社会福祉協議会のCさんに相談し、将来的に成年後見制度(第4章04)の利用も考えつつ、日常生活自立支援事業(第4章03)につないでいきました。

　ケアマネジャーはサービス担当者会議を開き、関係者が顔を合わせる機会をつくるとともに、Aさんのここで暮らし続けたいという思いを伝え、チームとして今後の支援のあり方やそれぞれの役割について確認を行っていきました。

ネットワークを形成するうえで重要となる3要素

　ケアマネジメントにおける社会資源の活用とは、言い換えれば、ニーズと社会資源をつなぎ、さらにつないだ社会資源が最大の力を発揮できるように働きかけることだといえます。つまり、社会資源同士がネットワークをつくり、連携しながら活動できるようにしていくということが必要になってきます。これはケアマ

ネジメントの神髄の1つといえるでしょう。

　ここでいう社会資源とは、形としては組織間、事業所間の連携という側面もありますが、ケアマネジャーがその真価を発揮するのは、「人」と「人」のネットワークといえます。A事業所とB事業所というよりも、A事業所の〇〇さんとどうつながり、連携していくのかが大切になります。人と人とがネットワークを形成し、連携していくうえで重要となるのは、❶目的の共有、❷顔のみえる関係、❸情報の共有化・コミュニケーションです。

　まず、「目的の共有」ですが、「ここで、こういうふうに暮らし続けたい」という利用者の思いをネットワーク構成員が共有し、その実現を目指すという、それぞれの活動の方向性を一致させることです。これは、ケアマネジャーが「利用者の実現したい暮らし、生活像」を中心におき、その思い・意向を利用者とともに、各構成員に語り、共感を得ることで可能となります。

　次に「顔のみえる関係」とは、それぞれのメンバーが定期的に顔を合わせ、お互いの役割を認識し合っている状態を指します。これはケースカンファレンス等でその機会を設けることで可能となります。

図表2-4　ネットワークを形成するうえで重要となる3要素

- 価値と目的の共有
- 顔のみえる関係
- 情報の共有化・コミュニケーション

最後に、「情報の共有化・コミュニケーション」は、それぞれの関係者間でのコミュニケーションがなされ、情報が共有されている状態を指します。これは、ケアマネジャーが意識的に各構成員に情報交換を行うように働きかけ、構成員間のコミュニケーションを促進することによって可能となります。

ケアマネジャーはマッチングをコーディネートする黒子役

　各メンバーはそれぞれの強みをもち、人間的な個性や専門性、あるいは限界性をもち合わせており、そのなかで役割分担がなされ、ケアプランに落とし込まれます。しかし、その役割は、利用者の望む暮らしの実現という目的に向けて、チームワークが促進されることで、それぞれがもつ多様な機能や能力を背景としながらも、緩やかな役割意識のなかで機能し、必要に応じて、それぞれの専門性をカバーし合うようなチームに発展をさせていくことが可能です。それによって、個々の社会資源がもつ以上の機能が発揮されます。

　ケアマネジメントにおける社会資源の活用とは、このネットワークがうまく連携することともいえます。その意味でケアマネジャーは黒子になって、事例のAさんにとってのBさんのように、利用者にとって欠かせない存在になる「人」とのマッチングをコーディネートするとともに、それらの「人」と「人」が出会い、それぞれが力を発揮してチームとして利用者の暮らしの支えになるよう調整する役割が求められます。こうしてつくられたチームは、別のケースにおいても活用可能な社会資源となるとともに、地域全体のケアの力を支える財産となっていくのです。

> **まとめ**
> ケアマネジャーは常に「価値と目的の共有」「顔のみえる関係」「情報の共有化・コミュニケーション」を意識して、ケアマネジメントを行いましょう。

介護保険制度・サービス

3

CONTENTS

- 01 介護保険サービスとは
- 02 訪問介護
- 03 訪問看護
- 04 通所介護（地域密着型通所介護）
- 05 短期入所生活介護、短期入所療養介護
- 06 通所リハビリテーション、訪問リハビリテーション
- 07 訪問入浴介護
- 08 福祉用具貸与、特定福祉用具販売
- 09 住宅改修
- 10 認知症対応型通所介護
- 11 定期巡回・随時対応型訪問介護看護
- 12 介護保険以外の高齢者福祉サービス

01 介護保険サービスとは

> **POINT**
> 利用者のニーズに向き合い、
> 介護保険サービスも、数ある社会資源の
> 1つとして考えましょう。

社会資源の活用において大切なこと

　社会資源の活用において大切なことは、利用者のニーズの充足という視点からみて、その社会資源の限界と強みを理解することです。特に、介護保険サービスの活用にあたっては、ケアマネジャー自身が介護保険制度に位置づけられていることから、どうしても介護保険サービスを中心に社会資源をとらえがちになってしまいます。加えて、介護保険サービスをケアプランに盛り込まなければ介護報酬が得られないことからも、ニーズに介護保険サービスをどうマッチングさせるかという思考が優先してしまうのはやむをえないことかもしれません。このようにケアマネジャーと介護保険制度は一体的なシステムとなっているため、介護保険制度を他の制度やサービスと同様の社会資源の1つとして考えることが難しくなります。

　一方、利用者の暮らしのなかで生じるさまざまなニーズに対して、介護保険制度のみで対応することが難しいことはいうまでもありません。私たちの暮らしは多くの生活行為から成り立っています。朝、目が覚めてから1日のなかで行っている生活の行為・動作、あるいは1週間、1か月、1年間のなかで習慣として行っている行為・動作を考えてみましょう。

　私たちは、ただ単に食べて、排泄して、寝るだけでなく、家族や友人と食事を共にしたり、仕事やレジャー、行きつけのカフェに出かける、ときには部屋にこもって趣味活動に没頭するなどさまざまな行為・動作を行っています。それは要

01 介護保険サービスとは

図表3-1 介護保険サービスの種類

	都道府県が指定・監督を行うサービス	市町村が指定・監督を行うサービス
介護給付を行うサービス	**◎居宅介護サービス** 【訪問サービス】 ○訪問介護（ホームヘルプサービス） ○訪問入浴介護 ○訪問看護 ○訪問リハビリテーション ○居宅療養管理指導 ○特定施設入居者生活介護 ○福祉用具貸与 【通所サービス】 ○通所介護（デイサービス） ○通所リハビリテーション 【短期入所サービス】 ○短期入所生活介護（ショートステイ） ○短期入所療養介護 **◎施設サービス** ○介護老人福祉施設 ○介護老人保健施設 ○介護療養型医療施設	**◎地域密着型介護サービス** ○定期巡回・随時対応型訪問介護看護 ○夜間対応型訪問介護 ○認知症対応型通所介護 ○小規模多機能型居宅介護 ○看護小規模多機能型居宅介護 ○認知症対応型共同生活介護（グループホーム） ○地域密着型特定施設入居者生活介護 ○地域密着型介護老人福祉施設入所者生活介護 ○複合型サービス（看護小規模多機能型居宅介護） **◎居宅介護支援**
予防給付を行うサービス	**◎介護予防サービス** 【訪問サービス】 ○介護予防訪問入浴介護 ○介護予防訪問看護 ○介護予防訪問リハビリテーション ○介護予防居宅療養管理指導 ○介護予防特定施設入居者生活介護 ○介護予防福祉用具貸与 【通所サービス】 ○介護予防通所リハビリテーション 【短期入所サービス】 ○介護予防短期入所生活介護（ショートステイ） ○介護予防短期入所療養介護	**◎地域密着型介護予防サービス** ○介護予防認知症対応型通所介護 ○介護予防小規模多機能型居宅介護 ○介護予防認知症対応型共同生活介護（グループホーム） **◎介護予防支援**

この他、居宅介護（介護予防）福祉用具購入費の支給、居宅介護（介護予防）住宅改修費の支給、市町村が行う介護予防・日常生活支援総合事業がある。

介護状態になる前の利用者や、その家族にとっても同様です。ケアマネジメントの支援とは、そうした個別性の高いニーズに向き合うことなのです。

一方、社会保険制度としての介護保険で対応できるのは、そうした利用者や家族1人ひとりのニーズではなく、「多くの要介護者に共通していると社会的に認められたニーズ」になります。そのため、介護保険制度に規定されたサービスと、個々の利用者のニーズをマッチングしようとすると、うまくはまらない部分が発生します。こうしたニーズに対してどう対応していくのか、それこそがケアマネジャーの腕のみせどころといえるかもしれません。地域包括ケアシステムの構築という観点からみたとき、ケアマネジメントの機能としてこうしたニーズの存在を顕在化させ、地域ケア会議等を経て、ときには新たな社会資源として地域に生み出していくような発露としていくことが重要になります。

まずは利用者のニーズありき

個々のケースに対応する際に、当てはまる社会資源がない場合も多く、専門職や事業所の判断による持ち出しで対応している部分も少なくないと思います。こうしたなかで、どこまでが自分の役割なのか、どれだけやっても同じ報酬しかもらえないといったジレンマもあります。しかしながら、はまらないニーズの存在に向き合わずして暮らしを支援することはできません。たとえすぐに適切な対応ができなくとも、その部分を見逃さず、向き合い続けることがケアマネジメントにおいては重要です。

このため、介護保険制度の活用においては、活用可能な介護保険サービスから利用者のニーズをみるのではなく、利用者のニーズの側から介護保険サービスも数ある社会資源の1つとして考えるようにしてみましょう。そしてその限界性をふまえたうえで、個々の暮らしを他の社会資源とのなかでどのように形づくるのか検討する視点をもちましょう。

01 介護保険サービスとは

チェック

- ☐ 介護保険サービスから、利用者のニーズをみるのではなく、利用者のニーズの側から、介護保険サービスの活用を考えましょう。
- ☐ 他の社会資源と同様に、介護保険サービスを1つの社会資源として考えましょう。

ニーズをどう考えるのか？　COLUMN

　ニーズとは、辞書的にいえば「必要」「需要」「要求」「欲求」「望み」といった意味になります。ケアマネジメントに関連していえば、目標となる生活と現状の生活が離れている状態から生じる、目標となる生活を実現するために「○○したい」「○○できるようになりたい」といった利用者の意欲がニーズになるといえます。

　私たちが快適な暮らしを営むには「経済的に安定したい」「安心して暮らしたい」「就労や社会活動をしたい」「健康でいたい」「余暇を楽しみたい」「快適に移動したい」といったさまざまな領域のニーズの充足が必要になります。これらのニーズを満たすために社会資源と利用者とが最適な状態になるようにするのがケアマネジメントといえます。

　また、ニーズは利用者が言葉で要望したものだけとは限りません。さまざまな言動や、認知症の人であれば行動・心理症状として現れたもののなかに隠された「意向・思い」を探っていく必要があります。その利用者の「意向・思い」を受け入れながら、より快適な暮らし、自立した暮らしに向けてどうしていけばよいのかをケアマネジャーとして、専門的な立場から実現に向けて検討していきます。

　利用者や家族の意向・思いのなかには「ずっと寝ていたい」というような、ケアマネジャーからみて本人の自立を妨げてしまうものも含まれています。しかし、これらの意向・思いも頭ごなしに否定せず、しっかりと受け止めて、対話やかかわり合いを通して、そのニーズの先にある真のニーズを探っていきましょう。

02 訪問介護

POINT
本人のできることを大切にしながら、できない部分については見守る、一緒に行うという視点で支援することが求められます。

事例

　夫と二人暮らしのAさんは、脳梗塞を発症し、ADLに障害が生じ、退院後も後遺症によって家事が困難になりました。Aさんは、もう一度得意だった料理がつくれるようになり、夫と生活を続けたいという希望をもっています。通所介護の利用も考えましたが、知らない人たちのなかに入っていくのが苦手ということで、訪問介護と並行して訪問リハビリテーションを利用しながら自宅での生活を開始しました。夫は家事がまったくできないので自費での生活援助の活用も考えましたが、夫もできることを増やしていくことになりました。家事の再開を目指してホームヘルパーと一緒に家事を行う形で利用を開始し、徐々に身体機能が改善し、できることが増えてきました。

訪問介護とは

　訪問介護とは、訪問介護員（ホームヘルパー）が利用者の自宅を訪問して、入浴、排せつ、食事等の介助を行う「身体介護」、調理、洗濯、掃除等の家事を行う「生活援助」、通院等のための乗車または降車の介助を行うサービスです。

図表3-2 身体介護・生活援助の一例

身体介護
入浴の介助、排泄の介助、食事の介助、着替えの介助、清拭、身体整容
体位変換介助、起床や就寝の介助

生活援助
移動の介助、外出介助、服薬介助、調理、洗濯、掃除、生活必需品の買い物
ゴミ出し、ベッドメーキング、衣類の整理、衣服の修理、薬の受け取り

活用のポイント

　自宅に訪問してくれる訪問介護は、要介護者にとって、大きく暮らしの環境を変えなくてもいいというメリットがあります。とはいえ、本人も家族も、プライベートな空間に他人が来ることに対して否定的な反応を起こすことも考えられます。利用者や家族の意向によっては、訪問型のサービスよりも通所介護などの通所型サービスをより好む場合もあるので、その意向や思いをよく確認をしておく必要があります。

　訪問介護は、支援を必要とする行為をまるごと引き受けてしまうのではなく、本人の「できていること、できること」「できていない、できないこと」のアセスメントを詳細に行い、「できていること、できること」を大切にしながら、1人では難しい行為について、見守る、一緒に行うという支援の視点が大切です。暮らしのなかで、できることを増やしていき、実現できることを共有しながら、利用者の自立への動機を高める訪問介護の利用法を検討していきましょう。

　さらにこうしたアプローチに、訪問リハビリテーションや通所リハビリテーションといったサービスを併用することで、機能訓練に相乗効果生みだすこともできると思います。サービスは導入して終わりではなく、訪問介護の提供を通して起こるこのような利用者の暮らしの変化に対応して、順次居宅サービス計画を変更をしていきましょう。

提供できないサービスへの対応

　さて、訪問介護で提供されるサービスの範囲にはさまざまな制度上の規定が設

けられています。医療行為となること、ならないこと、通院等のための乗車または降車のサービスに含まれる範囲などが規定されています。特に生活援助で提供可能なサービスには、さまざまな制限が課せられています。例えば、利用者以外のものにかかる洗濯、調理、買い物、布団干しや、主として利用者が使用する居室等以外の掃除、あるいは、主として家族の利便に供する行為または家族が行うことが適当であると判断される行為、訪問介護員が行わなくても日常生活を営むのに支障が生じないと判断される行為、正月や節句等のために特別な手間をかけて行う調理等の日常的に行われる家事の範囲を超える行為などが例示されています（平成12年11月16日　老振第76号「指定訪問介護事業所の事業運営の取扱等について」）。ただし、その場合でも、事例のように調理という日常生活行為で、自立に向けて本人が行う意味があるというしっかりした根拠があれば、配偶者等への食事提供も生活援助として算定できます。迷ったときは主任ケアマネジャーに相談してみましょう。

　利用者のニーズをふまえて、訪問介護で適用可能な部分とそうでない部分を整理したうえで、利用者や家族に説明します。そして、カバーできないニーズについては、他の社会資源の活用もふまえて対応方法を検討していきましょう（第6章参照）。保険給付外のサービスとして提供している事業所もありますが、まずは、同居家族等の本人のもつ支援ネットワークの中で解決が可能かを検討しましょう。

　家族に介護疲れや共倒れなどの深刻な問題が起きるおそれがある場合や仕事で不在のときであっても、家事等を行わなければ、日常生活に支障がある場合は、保険者の判断で例外が認められることもあります。保険者に対してしっかりと状況を説明することもケアマネジャーの役目です。

本人・家族とのコミュニケーションを大切にする

　訪問介護は本人や家族の日常生活の一部として、組み込まれるサービスのため、本人が家族と同居しているかにかかわらず、訪問するホームヘルパーと家族とが密接にコミュニケーションをとることができるかが大切です。訪問介護事業所によっては年配の人が多いところや、若い人もいる事業所もあります。サービス提

02 訪問介護

目標となる暮らし

全部やってあげるのではなく
できること、できていること
を大切にする。

またつくってあげたい。

うまい！

供責任者も生活の改善に向かって利用者をひっぱっていくようなアプローチの人や、寄り添う形でかかわる人などいろいろです。導入にあたっては、本人や家族にとって「馬が合いそうな」人とつなげるといいでしょう。ケアマネジメントという観点からみると、良好な関性が形成されることで家族や本人に関する情報を得ることが可能になり、質の高いモニタリングを行っていくことが可能になります。

こんな使い方も

性別や雰囲気など、利用者に受け入れていただけそうな人に依頼する

Aさん（女性）は一人暮らしです。認知症のため、できないことが増えてきました。特に男性への警戒心が強い方だったので、Aさんと同郷の出身で、相性のよさそうな女性を担当にしたところ、一人暮らしの不安もあったせいなかのか、すぐに打ち解けてもらえました。

信頼関係のできているホームヘルパーと初回訪問を行い、認知症の方の不安を軽減する

Cさんは前任者の退職により、Bさんのケースを引き継ぐことになりました。Bさんは認知症があり、一人暮らしで不安の強い方です。そこで初回の訪問には、

Bさんをずっと担当しているホームヘルパーと一緒に行くことにしました。顔なじみのヘルパーと一緒に行ったことで、初対面のCさんのことも安心できる人と認識してくれました。

若いホームヘルパーの家事をみて、「教えてあげる」とやる気を引き出す

年配のホームヘルパーとはなんとなく家事のやり方などで張り合ってしまい、馬が合わなかったDさんですが、あまり家事が得意でない若いヘルパーに変えたところ、「私が教えてあげるわよ」と積極的に家事に加わるようになりました。

参考：平成29年度厚生労働省老人保健健康増進等事業「ケアプランへの訪問介護の生活援助を位置付ける際の調査研究事業」「自立に資する訪問介護生活援助の活用の考え方と参考事例によるケアプラン記載事例集」

チェック

☐ 自宅に訪問するサービスに対する家族や本人の意向や思いを確認していますか？
☐ 見守る、一緒に行うという自立支援の視点からアセスメントやプランニングができていますか？
☐ 訪問介護の範囲でカバーできないニーズは、他の社会資源の活用もふまえて対応方法を検討していますか？
☐ ホームヘルパーと本人・家族の関係構築や、訪問介護事業所との情報交換等、質の高い支援を行っていくための連携体制構築に配慮していますか？

参考

訪問介護におけるサービス行為ごとの区分等について

(平成12年3月17日　老計第10号厚生省老人保健福祉局老人福祉計画課長通知)

　生活援助とは、身体介護以外の訪問介護であって、掃除、洗濯、調理などの日常生活の援助(そのために必要な一連の行為を含む)であり、利用者が単身、家族が障害・疾病などのため、本人や家族が家事を行うことが困難な場合に行われるものをいう(生活援助は、本人の代行的なサービスとして位置づけることができ、仮に介護等を要する状態が解消されたとしたならば、本人が自身で行うことが基本となる行為であるということができる)。

　一般的に介護保険の生活援助の範囲に含まれないと考えられる事例

　1.「直接本人の援助」に該当しない行為

　主として家族の利便に供する行為または家族が行うことが適当であると判断される行為

- 利用者以外のものに係る洗濯、調理、買い物、布団干し
- 主として利用者が使用する居室等以外の掃除
- 来客の応接(お茶、食事の手配等)
- 自家用車の洗車・清掃　等

　2.「日常生活の援助」に該当しない行為

［1］訪問介護員が行わなくても日常生活を営むのに支障が生じないと判断される行為

- 草むしり　・花木の水やり　・犬の散歩等ペットの世話　等

［2］日常的に行われる家事の範囲を超える行為

- 家具・電気器具等の移動、修繕、模様替え
- 大掃除、窓のガラス磨き、床のワックスがけ
- 室内外家屋の修理、ペンキ塗り　・植木の剪定等の園芸
- 正月、節句等のために特別な手間をかけて行う調理　等

　平成12年11月16日　老振第76号　「指定訪問介護事業所の事業運営の取扱等について」

訪問介護におけるサービス行為ごとの区分等について
(平成12年3月17日老計発第10号通知)

1-6 自立生活支援・重度化防止のための見守り的援助(自立支援、ADL・IADL・QOL向上の観点から安全を確保しつつ常時介助できる状態で行う見守り等)

〇ベッド上からポータブルトイレ等(いす)へ利用者が移乗する際に、転倒等の防止のため付き添い、必要に応じて介助を行う。

〇認知症等の高齢者がリハビリパンツやパット交換を見守り・声かけを行うことにより、1人でできるだけ交換し後始末ができるように支援する。

〇認知症等の高齢者に対して、ヘルパーが声かけと誘導で食事・水分摂取を支援する。

〇入浴、更衣等の見守り(必要に応じて行う介助、転倒予防のための声かけ、気分の確認などを含む)

〇移動時、転倒しないように側について歩く(介護は必要時だけで、事故がないように常に見守る)

〇ベッドの出入り時など自立を促すための声かけ(声かけや見守り中心で必要な時だけ介助)

〇本人が自ら適切な服薬ができるよう、服薬時において、直接介助は行わずに、側で見守り、服薬を促す。

〇利用者と一緒に手助けや声かけ及び見守りしながら行う掃除、整理整頓(安全確認の声かけ、疲労の確認を含む)

〇ゴミの分別がわからない利用者と一緒に分別をしてゴミ出しのルールを理解してもらうまたは思い出してもらうよう援助

〇認知症の高齢者の方と一緒に冷蔵庫のなかの整理等を行うことにより、生活歴の喚起を促す。

〇洗濯物を一緒に干したりたたんだりすることにより自立支援を促すとともに、転倒予防等のための見守り・声かけを行う。

〇利用者と一緒に手助けや声かけ及び見守りしながら行うベッドでのシーツ交換、布団カバーの交換等

○利用者と一緒に手助けや声かけ及び見守りしながら行う衣類の整理・被服の補修
○利用者と一緒に手助けや声かけ及び見守りしながら行う調理、配膳、後片付け（安全確認の声かけ、疲労の確認を含む）
○車イス等での移動介助を行って店に行き、本人が自ら品物を選べるよう援助
○上記のほか、安全を確保しつつ常時介助できる状態で行うもの等であって、利用者と訪問介護員等がともに日常生活に関する動作を行うことが、ADL・IADL・QOL向上の観点から、利用者の自立支援・重度化防止に資するものとしてケアプランに位置付けられたもの

03 訪問看護

> **POINT**
> 訪問看護は在宅医療の要です。
> いつでも介護者が看護ケアに関する相談ができる体制を構築しておきましょう。
> 特に終末期には、綿密な連携体制の構築が必要になります。

事例

　Aさん（87歳、男性、要介護5）は脳梗塞の再発を繰り返し、寝たきり状態となりました。嚥下障害が進み、現在は気管切開による酸素吸入、胃ろうによる栄養摂取、膀胱留置カテーテルを使用しています。家族は最期まで家で看たいと希望しました。そこで、全身状態の観察、医療器具の点検と管理、全身清拭、口腔ケア、浣腸や摘便による排せつのケアを目的に訪問看護を週5回、身体介護を目的に訪問介護を週3回利用することになりました。

　家族は当初不安と緊張がみられましたが、何か心配なことがあれば、すぐに訪問看護ステーションに連絡できる体制や、ホームヘルパーと訪問看護師の連携が取れており、それぞれに相談した内容がしっかりと共有されている体制を実感して、徐々に安心して在宅ケアができるようになりました。

訪問看護とは

　病状の管理の必要性が高い利用者は、ADLの低下に伴う生活行為の介助について看護的な視点からの観察が必要になる場合があります。例えば、入浴の介助に加えて、入浴時に病状の観察が必要になります。あるいは、利用者が認知症の場

03 訪問看護

図表3-3 訪問看護の流れと仕組み

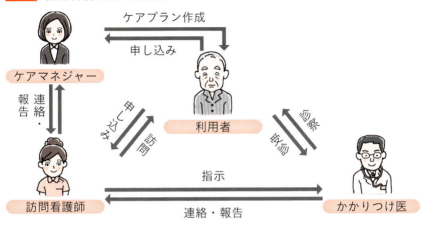

合、認知機能障害により服薬管理の支援を要する場合もあります。家族が医療的な処置や医療機器の管理などを十分に行えず負担を感じているときには、その指導やサポートを行います。また、昨今の状況として終末期を在宅で過ごすケースも増えてきています。こうした医療ニーズを抱えながら在宅生活をおくる利用者にとって、訪問看護は中心的な役割を担う非常に重要なサービスとなります。

訪問看護は、要介護者の自宅に訪問し、褥瘡の処置、医療機器の管理、リハビリテーション、入浴、排せつのケアといった看護ケアや、介護の指導、栄養相談なども行います。そのため、訪問看護という名称ですが、理学療法士・作業療法士・言語聴覚士が訪問する場合もあります。

訪問看護の利用にあたっては、まず、訪問看護の利用が必要かどうかを判断をするために、利用者の病名やADL、必要と思われるケア、その他の介護保険サービスの利用状況、家族情報（特にキーパソンついて）などの情報をもって、利用者の了解のうえ、医師に相談をします。

訪問看護を利用するためには、医師からの訪問看護指示書が必要になります。訪問看護指示書については、本人からの依頼が原則ですが、本人や家族が依頼できない場合は、訪問看護ステーションに相談します。なお、ケアマネジャーが訪問看護指示書のコピーを取得する際は、利用者及び主治医の許可が必要となります。

活用のポイント

　医療的なケアは命に直結するため、本人・家族の１日のサイクルのなかで優先度の高い行為として組み込まれるでしょう。服薬の時間や医療機器の処置などに過度な正確さを求めてしまうと、ストレスや不安を抱え込みすぎてしまうかもしれません。こうしたストレスや不安の蓄積から介護者の燃え尽きを回避するため、看護師等の専門職に医療的なケアに関する相談ができる体制を構築しておきたいところです。利用者や家族と担当の訪問看護師との信頼関係や、ケアマネジャーや他の社会資源との連携体制を構築しておくことで、介護者の不安感への対応に加えて、生活の維持・向上などの予防的ケア、病気の悪化予防や心身機能の回復への対応が可能になります。

　以上のことをふまえて、随時の相談、急変時の対応などの柔軟性（担当可能なエリア、土日・祝日、年末年始の営業の可否、夜・朝、深夜、あるいは24時間体制の実施状況等）や、医師との連携の状況について情報を収集しておき、利用者・家族の状況への対応を検討しておく必要があります。

終末期を支える

　特にがんの末期など終末期においては、病状が短期間に大きく変化し、迅速かつ柔軟な対応を行わなければならず、訪問看護はその要の社会資源となります。

　終末期を支えるためには、医師と訪問看護師、そして介護職のケアチーム間の綿密な連携体制の構築が必要になります。医療職と相談して利用者の変化を予測しつつ、介護職と生活支援を相談します。刻々と変化する状況を観察する視点とその情報をケアチーム間で共有し、ケアプランを随時変更しながら本人や家族を支えていく必要があります。

医療保険が適用される場合

　訪問看護は、医療保険で使うこともできますが、原則として介護保険制度が優先され、医療保険での訪問看護は、65歳以上の場合は要支援・要介護認定を受け

ていない方、つまり介護保険が利用できない方のみとなっています。ただし、65歳以上で介護保険の対象となっていても、パーキンソン病など厚生労働省が指定した疾病等の場合は医療保険が適応になります（別表7疾病）。その他、急性増悪期に、主治医から特別訪問看護指示書（特別指示書）が交付された日から2週間に限り、毎日訪問看護の提供を受けることができ、医療保険から給付されます。

　医療保険が適用になる条件について、主治医や訪問看護師と相談をしておく必要があります。医療保険で訪問看護を利用する場合は、利用者の状況によって自己負担額が異なります。状況によっては医療費が高額になる可能性があるため、高額療養費制度（第5章**01**）の利用も検討します。

こんな使い方も

終末期は24時間対応の訪問看護ステーションに窓口を一本化する

　Aさんは末期がんですが、家族の要望もあり、自宅で最期を迎えることになりました。在宅医療の体制について検討した結果、24時間対応している訪問看護ス

図表3-4 訪問看護の医療保険と介護保険での違い

	介護保険の訪問看護	医療保険の訪問看護
利用者負担	1割 （一定以上の所得のある人は2割または3割）	・小学校就学後〜69歳　3割 ・0歳〜小学校就学前、70〜74歳　2割（※） ・75歳以上　1割（※） ※一定以上の所得のある人は3割
週当たり利用可能日数	制限なし （ただし、ケアプランで他のサービスとの競合あり）	週3回まで （別表7、別表8に該当する場合や特別訪問看護指示書が交付された場合は制限なし）
1日当たり利用可能回数	制限なし （ただし、ケアプランで他のサービスとの競合あり）	1日1回まで （別表7、別表8に該当する場合や特別訪問看護指示書が交付された場合は制限なし）
利用可能事業所数	制限なし	1か所のみ
支給限度額	あり （要介護度ごとに支給限度額が定められている）	なし
利用条件	❶医師による訪問看護指示書が出ていること ❷患者と訪問看護事業所で契約を交わしていること ❸ケアプランに位置づけられていること	❶医師による訪問看護指示書が出ていること ❷患者と訪問看護事業所で契約を交わしていること

図表3-5 訪問看護 適用保険フローチャート

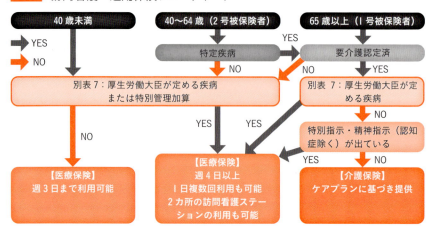

図表3-6 特定疾病、別表7と別表8に該当する疾病一覧

特定疾病	別表7疾病
特定疾病の範囲 特定疾病については、その範囲を明確にするとともに、介護保険制度における要介護認定の際の運用を容易にする観点から、個別疾病名を列記している。 （介護保険法施行令第2条） 1　がん【がん末期】 　　医師が一般に認められている医学的知見に基づき回復の見込みがない状態に至ったと判断したものに限る。 2　関節リウマチ 3　筋萎縮性側索硬化症 4　後縦靱帯骨化症 5　骨折を伴う骨粗鬆症 6　初老期における認知症 7　進行性核上性麻痺、大脳皮質基底核変性症及びパーキンソン病 8　脊髄小脳変性症 9　脊柱管狭窄症 10　早老症 11　多系統萎縮症 12　糖尿病性神経障害、糖尿病性腎症及び糖尿病性網膜症 13　脳血管疾患 14　閉塞性動脈硬化症 15　慢性閉塞性肺疾患 16　両側の膝関節または股関節に著しい変形を伴う変形性関節症	1　末期の悪性腫瘍 2　多発性硬化症 3　重症筋無力症 4　スモン 5　筋萎縮性側索硬化症 6　脊髄小脳変性症 7　ハンチントン病 8　進行性筋ジストロフィー症 9　パーキンソン病関連疾患 　　・進行性核上性麻痺 　　・大脳皮質基底核変性症 　　・パーキンソン病（ホーエン・ヤールの重症度分類がステージ3以上であって、生活機能障害度がⅡ度またはⅢ度のものに限る） 10　多系統萎縮症 　　・線条体黒質変性症 　　・オリーブ橋小脳萎縮症 　　・シャイ・ドレーガー症候群 11　プリオン病 12　亜急性硬化性全脳炎 13　ライソゾーム病 14　副腎白質ジストロフィー 15　脊髄性筋萎縮症 16　球脊髄性筋萎縮症 17　慢性炎症性脱髄性多発神経炎 18　後天性免疫不全症候群 19　頸髄損傷 20　人工呼吸器を使用している状態

別表8状態
① 在宅悪性腫瘍患者指導もしくは在宅気管切開患者指導管理を受けている状態にある者または気管カニューレもしくは留置カテーテルを使用している状態
② 在宅自己腹膜灌流指導管理、在宅血液透析指導管理、在宅酸素療法指導管理、在宅中心静脈栄養法指導管理、在宅成分栄養経管栄養法指導管理、在宅自己導尿指導管理、在宅人工呼吸指導管理、在宅持続用圧呼吸療法指導管理、在宅自己疼痛管理または在宅肺高血圧症患者指導管理を受けている状態
③ 人工肛門または人工膀胱を設置している状態
④ 真皮を越える褥瘡の状態
⑤ 在宅患者訪問点滴注射管理指導料を算定している

テーションに窓口を一本化することで、急な状態の変化にも臨機応変に対応できるようにするとともに、家族の不安の軽減につながりました。

入浴介護を訪問介護から訪問看護に切り替える

Bさんは、自宅で訪問介護による入浴をしていましたが、体力が低下し、入浴時の体調管理をしていく必要性が増してきました。そこで、主治医に相談し、訪問看護による入浴に切り替え、入浴中はもちろん、その前後の体調やバイタルの変化なども確認してもらいながら、より安全に自宅で入浴を続けています。

主治医との連携を考えた病院併設の訪問看護の利用

CさんはD総合病院のE医師が主治医ですが、Cさんの体調管理をするうえで医師の助言が必要な状況になってきましたが、なかなかE医師と情報を共有したり助言をもらうことができません。そこで、D総合病院に併設した訪問看護を利用するようにし、訪問看護師を通じてE医師とやり取りをする体制をつくりました。

□ 訪問看護事業所の相談体制、急変時の対応などの柔軟性（担当可能なエリア、土日・祝日、年末年始の営業の可否、夜・朝、深夜、あるいは24時間体制の実施状況等）を確認していますか？

04 通所介護（地域密着型通所介護）

> **POINT**
> 利用者の特性に合わせた事業所を紹介できるよう、日ごろから各事業所のサービス内容や雰囲気などの情報収集を行っておくことが必要です。

事例

　奥さんに先立たれてから、家にいることが多くなったAさん（77歳、男性、要介護1）は、別居の娘からデイサービスの利用を勧められました。Aさんは脳梗塞の後遺症から歩行に困難を抱えており、下肢筋力の低下もみられます。娘が勧めたときは乗り気ではない様子とのことでした。

　ケアマネジャーは娘に少し時間がほしいことを伝え、まず何度か訪問しながら関係性をつくっていくことにしました。話を聞いていくと、若いころはスポーツが好きで、身体を動かすのは嫌いではないとの話がありました。そこで、機能訓練に力を入れている通所介護事業所の見学に行くことになりました。

　その事業所では、広く開放感のあるフロアで、無理に他の利用者と交流をしなくても過ごせる雰囲気がありました。また、個別のプログラムが多く、多種多様な機能訓練のプログラムが組まれており、熱心にその説明に耳を傾けていました。見学の後、自分が思っているものとだいぶ違っていたと前向きになったようでした。そして週2回の利用から始めることになりました。

通所介護とは

　通所介護（デイサービス）とは、日帰りで事業所に通いながら食事や入浴など

04 通所介護（地域密着型通所介護）

筋トレや男性利用者向けのプログラムに力を入れているなど、そのデイサービスのウリや特徴を踏まえて利用者に紹介できるようにしましょう。

の日常生活上の介護や機能訓練などのサービスを受けるサービスです。各事業所の特徴としてさまざまな形態があり、サービス内容にも違いがあります。1日の利用定員は20人から30人程度です。地域密着型サービスの通所介護は、日中の利用定員が18人以下の小規模の通所介護になります。

活用のポイント

多様なニーズに対応できることが通所型サービスの特徴といえます。つまり、サービス導入の際に、利用者や家族が直面しているニーズに対応できる多様なチャンネルをもっている資源といえます。例えば、通所介護は複数の利用者が利用しているため、家に閉じこもりがちで、社会的交流が少なく、運動機能や精神機能の低下などが心配される利用者にとっては、通所型サービスで提供されるレクリエーションや趣味活動、娯楽を通じて利用者同士の交流の場となることが期待できます。また、入浴や食事のサービスが提供されるため、介護者の状況によって自宅での入浴や、食事に困難のある場合には、そうした課題を同時に対応することが可能になります。その他、看護師による健康の管理や、機能訓練なども提供されます。加えて、介護者にとっては、レスパイトサービスとしての機能をもっているといえます。

また、1週間の利用回数や、1回の利用時間も調整ができることに加え、地域差はありますが、他のサービスに比べて事業所数も多いため、利用者にあった事業所や利用方法を選択・調整できることも使いやすさの1つです。そのため、介護保険サービスを初めて利用しようとする利用者や家族にとっても、例えば「週1回の短い利用時間で」といった負担の少ない形を提案するなど、介護保険サービスの導入としても選択しやすいサービスであるといえます。

　地域によっては多くの通所介護事業所があり、多種多様な施設環境やサービス内容を展開しています。それぞれの事業所のサービス内容や情報をしっかりとふまえたうえで、利用者の特性に合わせた事業所を紹介できるよう、日ごろから情報収集を行っておくことが必要です。新しくできた事業所には、実際に足を運び、様子を確認して、ウリとなる点を確認しておきましょう。例えば、認知症の人でも積極的に受け入れてくれている、アクティビティが多様で選択できる、食事がおいしい、入浴が個別対応である、男性利用者が多いなど、利用者の隠されていた関心や欲求に働きかけられるようなポイントを押さえておくとよいでしょう。

　日中多くの時間、利用者に接することができる通所介護は、利用者の日常生活に密着することができないケアマネジャーにとって、利用者のさまざまな情報を得ることができます。また、送迎時に家族の様子や自宅の状況を確認することも可能な場合があります。レクリエーションや行事に参加したときの様子、食事・入浴・排せつ介助の際の観察、送迎時における家族と本人のやりとりなどのさまざまな情報を得ることができます。つまり、モニタリングと再アセスメントを行ううえで有用な情報を収集できるのです。通所介護事業所と綿密な連携をとっていきましょう。

こんな使い方も

目的別に複数の通所介護事業を利用

　Aさんは、要介護状態になっても、複数の通所介護事業所を利用しながら意欲的な生活をおくっています。月曜日は入浴サービスが気にっているA事業所を、水曜日は身体を動かす目的で運動プログラムが充実しているB事業所へ、さらに金曜日はレクリエーションを目的にC事業所に通っています。

04 通所介護（地域密着型通所介護）

旅行好きの利用者に外出プログラムの充実した通所介護を紹介

Bさんは、要介護状態になる前は旅行や外出することが好きでした。そこで、さまざまな外出プログラムを実施している通所介護事業所を紹介しました。

送迎時間を調整してもらえる

Cさんの主介護者の孫娘は、現在保育園に通う娘の育児もしています。デイサービスの利用を検討していますが、送迎が保育園の送迎時間と重なってしまうことを心配しています。そこで、送迎時間の調整ができる地域密着型通所介護の事業所に通うことになりました。

チェック

- □ 利用者の特性に合わせた事業所を紹介できるよう、各事業所に実際に足を運び、雰囲気やウリとなる点など確認していますか？
- □ 通所介護の利用が、利用者本人の暮らしにとってどのような意味があるのか検討しましたか？
- □ 「それなら、行ってみようかな」と、利用者の関心や欲求に働きかけられるようなポイントを押さえて事業所を紹介していますか？
- □ 通所介護事業所と綿密な連携をして、モニタリングと再アセスメントを行ううえでの情報を収集していますか？

05 短期入所生活介護、短期入所療養介護

> **POINT**
> 利用者にも介護者の休息の必要性を
> 理解してもらい、ショートステイの利用が
> 暮らしの一部になるように
> 組み立てていきましょう。

事例

　Aさんは認知症の妻を介護して3年になります。妻の認知症の状態は徐々に悪化し、夜間に起きて外に出ていこうとしたり、言うことを聞いてもらえず、暴力を振るうことも出てきました。

　介護に疲れ果て、食欲不振や不眠などの体調不安を訴えたAさんに対して、ケアマネジャーはショートステイの利用を勧めました。しかしAさんは、妻を自分で介護したいという思いが強く、施設に預けるなんて妻に申し訳ないという思いをもっていました。「そうは言っても、介護者であるAさんが倒れたら一番困るのは奥さんなんですよ」とのケアマネジャーの言葉にAさんも納得し、正直に今の状況を妻に伝え、まずは2日間の利用となりました。

　ショートステイ先にも妻の様子を伝えたうえで配慮をお願いした結果、帰宅欲求もみられましたが、話の合う利用者がいて、レクリエーションなどに一緒に参加したとのことでした。その様子を聞いてAさんも安心し、定期的にショートステイを利用していく方向ですすめていくことになりました。

短期入所生活介護、短期入所療養介護とは

　介護者の休息を目的としたサービス（以下、レスパイトケア）の代表的なもの

05 短期入所生活介護、短期入所療養介護

が、ショートステイサービスになります。介護保険サービス上のショートステイには比較的状態が安定している方が利用する「短期入所生活介護」と医学的管理が必要な方が利用する「短期入所療養介護」の2つがあります。利用者の状態により使い分けます。

ショートステイにはレスパイトケアの目的以外にも、介護者が冠婚葬祭などで自宅を数日間空けなければならない、出張の予定がある、体調を崩したなど、一時的に在宅介護が難しくなる場合に対応できます。

活用のポイント

ショートステイは、上述のように介護者の冠婚葬祭などの緊急時の利用とレスパイトを目的とした利用があります。ショートステイの利用は、特別養護老人ホームや介護老人保健施設に一時的にせよ入所することになるため、利用者にとってはそれまでのなじみのある暮らしから大きな変化を経験することになります。利用者によっては大きなストレスになり、ショートステイの利用に拒否的になる可能性があります。冠婚葬祭といった事情ではなく、レスパイトを目的とした場合、ショートステイの利用に気がすすまない利用者の様子は、「自分のために、つらい思いをさせてしまう」と家族介護者にとっても心理的な負担になります。

通所介護とは違い、施設によっては特にイベントやアクティビティが用意され

ているわけでもなく、他の入所者と共に施設での暮らしをおくることになります。「楽しいところだから行ってみましょう」ということにはなりづらいでしょう。このように他のサービスと違い利用者本人の支援として積極的な意味づけが難しく、利用者にショートステイに行く意味を理解してもらう難しさがあります。

　利用者にとって「楽しい」「行きたい」といった積極的な意味をもってもらうことが大前提となりますが、レスパイト目的という点が強い場合でも、やはり利用者本人にも納得してもらうことが大切になります。アセスメントやモニタリングの際、介護者の介護負担を軽減し、レスパイトケアの必要性を感じた場合には、事前に利用者にショートステイの情報を伝えておくといった動機づけをしましょう。在宅生活を継続するためには、利用者の協力が不可欠であることを理解してもらいます。利用者が「どうせ邪魔なんでしょ」という排除されるような思いをもたないよう配慮していきましょう。

長期利用時の注意点

　ショートステイは数日の利用から比較的長期間の利用も可能です。長期間の利用の場合には、在宅生活の継続という点からみて気をつけねばならないポイントがあります。まず、利用者本人の生活機能の維持という点です。ショートステイ先である特別養護老人ホームや介護老人保健施設は、バリアフリー構造を有し、冷暖房が適切にコントロールされ、食事や居室の掃除も含めた生活支援が提供されます。例えば、自宅では自ら生活行為を行うことで生活機能の維持が保たれていた高齢者が、長期のショートステイを利用することで生活機能低下が起こり、その後の生活の継続に大きな影響を及ぼしてしまう可能性があります。

　また、こうした長期のショートステイ利用は、家族介護者にも影響を与えます。介護負担を感じながらもなんとか在宅介護を続けていた介護者にとって、ショートステイの利用はその暮らしの断続を意味します。それにより、在宅生活の継続が難しくなってしまうかもしれません。

　こうした事態を避けるためには、短期間のショートステイを定期的に利用し、主介護者にとっても、利用者にとっても暮らしの一部として考えらえるような支援が必要です。長い在宅介護を乗り切るために、利用者も介護者の負担軽減に協

力してもらう形で、定期的にレスパイト目的のショートステイを利用してもらいます。利用者本人のショートステイ利用への心理的負担感を軽減し、なじみの施設になることで、緊急時にもスムーズな利用につなげる素地をつくっていくことが可能になります。

こんな使い方も

ショートステイ利用中に機能訓練を実施してもらう

Aさんは、介護者である娘が仕事で出張している間、ショートステイを利用することになりました。最近、Aさんは身体機能の低下がみられるため、ケアマネジャーは理学療法士がいる事業所に依頼し、ショートステイ利用中もできるだけ機能訓練を実施してほしいとサービス担当者会議で依頼をしたところ、機能訓練を実施しながらショートステイを利用することができました。

趣味が楽しめるよう、普段使っている日用品や趣味の道具を持ち込む

Bさん（83歳、女性）は介護者の娘のレスパイトが目的でショートステイを利用する予定です。しかし、以前利用した際に何もすることがなかったこともあり、Bさんはあまり乗り気ではありません。そこで、少しでも快適に暮らせるよう、ケアマネジャーは事業所と調整し、Bさんが普段使っている食器や化粧品、趣味の編み物や本をもち込めるようにしたうえで、利用を開始しました。

- ☐ 長期間利用する場合、在宅生活の継続という点から、利用者本人の生活機能や家族の介護力の維持という観点に着目して配慮を行っていますか？
- ☐ 緊急時でも、利用者にとっても事業者にとってもスムーズに利用できるような配慮をしていますか？
- ☐ レスパイトケアが必要な場合でも、利用者が前向きに利用できるような動機づけを行っていますか？

06 通所リハビリテーション、訪問リハビリテーション

> **POINT**
> 実現可能な生活や暮らしの姿を
> リハビリ専門職と協力しながら
> 利用者と共有していくプロセスを大切にしましょう。

事例

　Aさん（女性、要介護2）は、大腿骨を骨折して入院し、リハビリを経て自宅に戻ってきました。退院当初は夫の助けもあり、生活支援の訪問介護のみを利用して生活していました。しかし、トイレに行くときにつまずいてから歩くことが怖くなってしまい、徐々にベッド上で過ごす時間が増えてきて、うつうつとした気持ちで毎日を過ごすようになってしまいました。

　そこで主治医と相談し、訪問リハビリテーションの利用を勧めました。理学療法士はまず、安全で無理のない屋内の移動について、ケアマネジャー、ホームヘルパー、娘も含めて検討を行いました。住宅改修や福祉用具も導入し、環境を整えていきました。その結果、Aさんのできることが増えていき、自信を取り戻してきたようで、骨折前に好きだった旅行に夫と一緒に行くことを目指したいとの言葉も聞かれるようになりました。

通所リハビリテーション、訪問リハビリテーションとは

　通所リハビリテーションは、同サービスを提供している介護老人保健施設、病院、診療所などに通い、医師の指示の下、理学療法士・作業療法士・言語聴覚士などのリハビリテーション専門職によるリハビリテーション・食事・入浴・レクリエーション等のサービスを日帰りで提供するサービスになります。通所リハビ

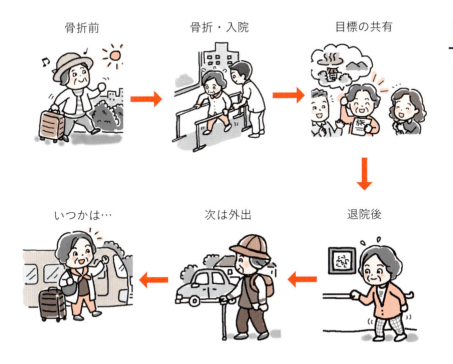

リテーションは、通所という性格から、定期的に事業所に通うことそのものが、さまざまな心身機能の活用を促し、その維持・向上に大きな効果が期待できます。

　一方、訪問リハビリテーションとは、利用者の生活の場である自宅にリハビリテーション専門職が訪問し、日常生活の自立と家庭内の活動、さらには社会参加の向上を図ることが目的のサービスです。訪問リハビリテーションは、利用者本人と自宅環境との適合を調整する役割をもち、心身障害、生活障害、住環境等を確認して在宅生活のなかで利用者自身の機能維持・向上を図りつつ、実際の生活場面に即したアプローチを行っていくことができます。

活用の視点

　リハビリテーションは、単なる心身機能の回復だけではなく、自分らしい社会生活を取り戻すために行われるあらゆる活動を指します。言い換えると、自分の

生活や生き方を自分の意志で選択し、人の役に立っていることが実感できる生活が再びおくれるようになるということです。

　リハビリテーションにおける急性期、回復期、生活期（維持期）の流れで整理すると、退院後の在宅生活は生活期（維持期）にあたり、その目的は単に身体の機能回復を狙うのではなく、日常生活を活性化し生活機能を維持・向上することが目標となります。歩行訓練等のADLの訓練も、「どのような暮らし」を実現するために行うかという目標と動機が必要です。たとえ利用当初にそうした目標や強い動機がなくても、少しずつ機能が改善され、できることが増えることにより、さまざまな暮らしの実現の可能性が広がっていきます。そうしたなかで、回復に向けた意欲も高まっていくかもしれません。

　機能訓練をサービス利用中のものだけでなく、目指すべき目標との関連づけ、暮らしの一部として普段から意識して取り組んでいくことが大切になります。そのため、医師、理学療法士等のリハビリ専門職だけでなく、ケアマネジャーやホームヘルパー等、家族やインフォーマルな資源と連携していく体制が必須になります。なによりも本人の意欲や達成感を大切にしながら、関係者や仲間とともに歩める関係づくりが必要になります。

　短期目標や長期目標に描かれる実現可能な生活・暮らしの姿を、医師やリハビリ専門職と協力しながら利用者と共有していくプロセスが大切になります。なんのために歩行訓練を行うのか、「自力でトイレに行けるようになる」ためなのか、「家族で旅行に行けるようになる」ためなのか、それはどのように、どのような段階を経て達成可能なのかを医師やリハビリ専門職、利用者と一緒に検討していきましょう。

導入の仕方とタイミング

　さて、こうした利用者の動機やそれを高める達成感の重要性を考えると、リハビリテーションの導入の仕方やそのタイミングが大切になります。退院時などは、これからの在宅生活への期待から、利用者の動機も高まっているでしょう。この場合、自立への意欲の高まりや当初の目標の達成にあわせて、徐々にリハビリテーションも含めたサービスの利用を減らしていくという「引き算」の志向も必

要になります。

　他方、在宅介護の経過のなかで徐々に状態が悪化し、活動量の低下とともに気力・体力が衰えていく場合は、適切なタイミングで導入します。例えば、最近趣味活動をしなくなってきた、寝ている時間が増えた、介助することが増えたといった場合です。このような場合の導入にあたっては、まず利用者の動機や意欲、気持ちをふまえ、どのようなリハビリテーションサービスがよいか戦略をたてることが必要になります。

こんな使い方も

終末期におけるリハビリテーションで、最期までその人らしい生活を支援

　Aさん（90歳、女性　要介護5）は、訪問看護、訪問リハ、通所リハ、ショートステイ、訪問介護などのサービスを利用しながら在宅生活を継続してきました。しかし、脳梗塞の再々発で、ターミナルと判断されました。家族は「静かに在宅で看取りたい」「訪問リハと訪問看護は継続してほしい」と希望しました。医師と相談し、関節拘縮の予防や誤嚥性肺炎のリスク、呼吸困難感の軽減を目的に訪問リハビリテーションを継続し、これにより家族の精神的な負担感も軽減されました。

家庭内のケアを改善するため、通所リハの理学療法士に家庭訪問してもらう

　1か月前に転倒し、歩行が不安定になったBさんは、退院後もリハビリを続けるため、通所リハビリテーションを利用しています。介護者であるBさんの妻から、屋内の移動でふらつくことがあるとの相談を受けました。通所リハの理学療法士に相談をしたところ、訪問して、家での暮らし方についての助言をもらえるようになりました。

参考：日本リハビリテーション病院・施設協会・地域リハビリテーション推進委員会「ケアマネジャーのためのリハビリテーションガイドQ＆A―よりよい連携のために―」2010年3月

チェック

- □ 利用者の動機・意欲、気持ちをふまえ、サービスの利用を検討していますか?
- □ 「どのような暮らし」を実現したいかという目標からリハビリテーションへの動機づけができていますか?
- □ 機能訓練がサービス利用中のものだけでなく、暮らしの一部として普段から意識して取り組んでいけるようにしていますか?
- □ 短期目標や長期目標に描かれる生活・暮らしに向けて、どのように、どのような段階を経て達成していくか、医師やリハビリ専門職と協力しながら利用者と共有していくようにしていますか?

ICFを学び、障害をとらえる COLUMN

　2001年にWHO(世界保健機関)が策定したICF(国際生活機能分類:International Classification of Functioning, Disability and Health)では、生活機能に問題が生じた状態を「障害」(disability)としました。ICFでは、生活機能は「心身機能・構造」「活動」「参加」3つのレベルに分類されており、それらが「環境因子」「個人因子」とともに相互に関連しているとされています。これを要介護高齢者の状態にあてはめると、例えば脳梗塞という疾病から、右半身の機能の障害(機能障害)が生じ、それに伴い食事や排せつ(活動制限)、外出や仕事を行うことができなくなっている(参加制約)状態といったように説明することができます。

　このうち、ケアマネジメントで特に着目したいのは「活動」「参加」、そして「環境因子」になります。例えば、ある認知症の人が、洗濯の際に「尿とりパッド」を外すのを忘れて洗濯機を詰まらせてしまうという状況があるとします。生活機能からみれば、本人ができないのは、「尿とりパッド」を外すという行為だけができないのであって、それ以外の「洗濯の必要性を判断できる」「どれが洗濯物か判別できる」「洗濯機の操作ができる」「洗

濯物を干してたたむことができる」といった一連の活動ができています。このとき、対応として例えば洗濯機を撤去してしまうと、本人は混乱し、認知症の進行とともにこうした一連の活動ができなくなってしまうことが考えられます。つまり、洗濯機という環境因子との関係でこれらの生活機能が維持されていたのです。では、どうしたらよいかというと、もしかすると洗濯機のふたの上に「パッドは外しましたか？」と紙を貼っておくという環境因子への働きかけで解決できるかもしれません。

このように、本人の暮らしの困りごとのポイントとなっている「活動」「参加」の部分については、「自立」「一部介助」「全介助」といったような情報ではなく、「生活機能」の視点から「できること」「できないこと」を細かく上げていくこと、それを環境因子との関係の中でとらえていくことで、本人の困りごとや、解決策を考える手助けになります。

図表3-7　ICFの相互作用モデル

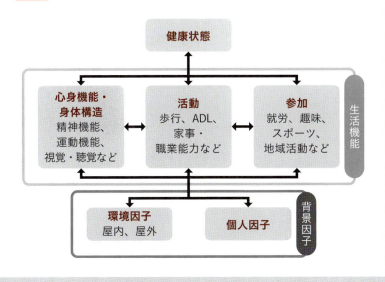

07 訪問入浴介護

> **POINT**
> 家の中に入り、体に触れるサービスであることから、
> 利用者や家族とスタッフが
> よい関係を築いていくことが大切です。

事例

　Aさんは脳梗塞の後遺症があり、日常生活に介護が必要な状況です。訪問介護及び訪問看護を利用しながら近くに住む娘夫婦が交代で介護をしてきましたが、脳梗塞が再発し、ほぼ寝たきりの状態（要介護5）となってしまいました。嚥下障害が進み、今回の入院で胃ろうと膀胱留置カテーテルを設置しました。同居する妻も要介護1の認定を受けています。

　元気だったころ、お風呂が好きだったAさんですが、退院後にもっとも問題となることが予想されるのが入浴で、自宅の浴槽が狭く、現状では浴室への移動も含め入浴することが極めて難しい状況となっています。そこで、看護師、主治医と相談し、訪問入浴介護の利用を提案しました。

訪問入浴とは

　訪問入浴とは、看護師と介護スタッフが自宅に訪問し、専用の浴槽を使って入浴をサポートする介護サービスです。訪問入浴では、入浴介助に加えて看護師による入浴前後の健康チェックも行われます。この健康チェックは「バイタルチェック」「湿布の張り替え」「軟膏の塗布」など、健康状態の確認が中心となっており、「痰の吸引」「摘便」「褥瘡のケア」といった本来の目的である入浴に直接関連しない医療行為はできないことになっています。

07 訪問入浴介護

3 介護保険制度・サービス

看護職員（1名）と介護職員（2名）の3人1組で訪問し、自宅で入浴できることが特徴です。

活用のポイント

　在宅介護において、大きな負担となる介護の1つに入浴があります。家族が高齢であったり、要介護者が重度の場合や、浴室や浴槽が狭い場合などは、定期的な入浴を家族だけで行うことは非常に困難になります。入浴介助に慣れていない家族が行うことで、浴室での転倒など、思わぬ事故の原因につながることもあります。また、入浴は本人にとっては体力を消費する行為であり、健康状態が不安定な場合は体調が急変する可能性があります。

　介護保険制度において入浴に対応できるサービスは、まず訪問介護の身体介助、通所介護や通所リハビリテーション等の通所における入浴があげられます。さらに、寝たきりのため通所が困難な状況であったり、事例のように自宅の浴室や浴槽が狭く入浴が困難な場合、あるいは体調の変化が激しく、看護師のサポートがあるなかで入浴をさせたいといったニーズに対しては、訪問入浴介護があります。

　訪問入浴介護は他の訪問系のサービスと同様に、家の中に入っていくという特性に加え、体に触れ、入浴という非常にデリケートな行為を支援するという点で、利用者や家族とスタッフがよい関係を築いていける配慮が大切です。利用者とスタッフの相性を考慮することがよい事業所を選ぶためにもっとも必要なことかもしれません。利用者の羞恥心や認知症の症状などが原因で、直前になって入浴を拒否してしまうことがあるかもしれません。そうした際になじみのスタッフが対

応ができるかどうかという点も、利用者や家族によっては選択に必要な情報になるでしょう。

　導入に際しては、利用者の好みの入浴の仕方（長く入るのが好きか、時間帯、好きな湯加減（温度）、入り方など）、住居地内に駐車スペースが確保できるか、排水に関することなどを確認します。加えて、近隣住民への配慮と調整にも気を配りましょう。また、自宅での入浴環境はそれぞれ異なるため、十分な打ち合わせが必要です。

　実際の入浴介助において、体調などによって全身浴ができない場合は、主治医と連携しながらシャワーによる洗髪や陰部洗浄、手・足だけの部分浴や体の一部をお湯につける、お湯をしめらせたタオルでの清拭に切り替えることもあります。入浴に使用する水は自宅の水道を使用し、使用したお湯は自宅の浴室・トイレで排水します。また、サービス事業所によっては入浴後の保湿ケアや爪切り、シーツ交換などのサービスを行っているところもあります。そうしたオプションの部分も選択のポイントになるでしょう。

こんな使い方も

医療依存度が高い利用者の入浴のため、訪問入浴の直後に訪問看護を利用

　Aさん（93歳、要介護5）は、先日病院から退院しましたが、褥瘡の処置が必要な状態でした。そこで、主治医と相談し、入浴後に褥瘡の処置を行うため、訪問入浴介護の終了時間に合わせて訪問看護を利用するようにしました。

07 訪問入浴介護

3 介護保険制度・サービス

チェック
- □ 導入前に利用者の入浴の仕方や好みを確認していますか?
- □ 駐車スペース、排水に関すること、近隣住民への配慮と調整などを確認しましたか?
- □ 利用者や家族とスタッフがよい関係を築いていく配慮をしていますか?
- □ 入浴の可否や医療処置への対応など、主治医との連携体制はとれていますか?

08 福祉用具貸与、特定福祉用具販売

POINT
導入した福祉用具が利用者の暮らしを助け、
豊かにする道具になるよう、
各専門職と連携して導入を検討し、
その後のモニタリングもしていきましょう。

事例

　Aさんは先月転倒し、右大腿部頸部を骨折したため歩行が困難になりました。通所リハビリテーションを利用して歩行訓練を行ってきましたが、まだまだ不安でしっかりした歩行ができない状況です。近くに住む娘は仕事をしており、日中の見守りが難しいので、なんとか屋内の移動だけでも安全に行えないかケアマネジャーに相談してきました。

　そこでケアマネジャーは車いすの利用を検討しました。福祉用具専門相談員からは屋内の移動ということで小回りが利き、足こぎが可能なタイプの車いすがよいのではないかとの助言がありました。通所リハビリテーションの理学療法士にも相談し、安全な移乗・移動方法についても検討を加え、トイレに手すりを設置することにしました。これにより、Aさんは不安なく日中の活動することが可能となり、理学療法士からも機能改善がすすんでいるとの評価が得られています。

福祉用具貸与、特定福祉用具販売とは

　福祉用具は、心身の機能が低下し日常生活を営むのに支障がある要介護者等の日常生活上の便宜を図るための用具及び要介護者等の生活機能の維持または改善を図るための用具です。要介護者等の状態の悪化を防止するとともに、介護者の

08 福祉用具貸与、特定福祉用具販売

図表3-8 福祉用具貸与の流れ

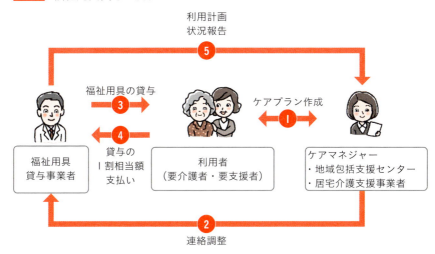

図表3-9 対象となる品目

福祉用具貸与*

福祉用具を貸与する。対象品目は下記のとおり。

❶車いす、❷車いす付属品（クッションなど）、❸特殊寝台（介護用ベッドなど）、❹特殊寝台付属品（マットレスなど）、❺床ずれ防止用具（エアーマットなど）、❻体位変換器（起き上がり補助用具を含む）、❼手すり（工事を伴わないもの）、❽スロープ（工事を伴わないもの）、❾歩行器、❿歩行補助つえ、⓫認知症老人徘徊感知機器、⓬移動用リフト（つり具の部分を除く）、⓭自動排泄処理装置（本体部のみ）

＊要支援1・2、要介護1の場合、❶〜❻及び⓫⓬については給付対象外。ただし必要と認められる場合には、例外的に対象となる。⓭については、要介護4以上が対象。ただし要支援1・2及び要介護1〜3の者でも必要と認められる場合には、例外的に対象となる。

特定福祉用具販売*

貸与になじまない入浴や排泄のための福祉用具の購入費を支給する。対象品目は以下のとおり。

❶腰掛便座、❷自動排泄処理装置（レシーバー、チューブ、タンク等の交換可能部品）、❸入浴補助用具（入浴用椅子など）、❹簡易浴槽、❺移動用リフトのつり具の部分

＊年間の上限10万円まで。指定事業所で購入した場合のみ対象となる。

負担の軽減を図ることも期待されます。

　介護保険制度では貸与が原則ですが、再利用に心理的抵抗感が伴うもの、使用により形態・品質が変化するものは「特定福祉用具」として販売対象になります。さらに、要介護度によって、貸与や購入可能なものが異なる仕組みになっています。

活用のポイント

　福祉用具は、利用者の生活に欠かせないものの1つとして有効に活用されてこそ意味があります。そのため、福祉用具の利用の可否、選定にあたっては利用者の身体機能や家屋の状況、介護者の状況やその介護内容等を把握し、利用者の意欲や家族介護者の希望などもよく勘案して、本人・家族の暮らしや住居環境に適合し、共存が図れるようにしていくことが大切です。

　各福祉用具は、適切な利用方法をしっかりと守ることが安全かつ効果的に活用することにつながります。そのため、本人や主介護者、さらにはホームヘルパーもそれらの使用方法について理解をしておく必要があります。

　福祉用具の導入に際して、適切なアセスメントや選定、使用方法についてより専門的な説明が必要であると判断した場合は、福祉用具相談専門員や理学療法士等のリハビリテーション専門職と連携しながら導入を検討していきましょう。福祉用具専門相談員とは、福祉用具を必要とする高齢者などに対し、選定相談、適合、取扱説明、使用状況の確認（モニタリング）をし、高齢者の日常生活における自立を支援することを目的とした専門職です。

　導入に際しては、福祉用具の安全な利用のために適切な情報を提供し、例えば、事故の起こりやすい状況や利用者に適合した用具を正しく使用しなかった場合の危険性なども周知することが重要です。

　福祉用具を導入した後は、しっかりとモニタリングをしていく必要があります。福祉用具の使用により利用者の機能が改善すれば、次の支援を検討していきます。逆に、福祉用具が機能しない場合や、利用者の状態が悪化して合わなくなる場合もあります。状況や生活環境は、時間の経過とともに変化していくものなので、

本人・家族の生活の状況に合わせて継続して支援していくことが重要となります。

福祉用具は日々新しい商品が開発されています。利用者に最適な福祉用具を選定し、その使い方を継続的に支援できるようにするために、情報を更新していく必要があります。

こんな使い方も

状態が安定しない人の手すりやスロープのレンタル

　Aさんは、転倒骨折し、歩行が不安定な状態ですが、近々退院するため、退院後の住環境のあり方について検討することになりました。Aさんの家族から手すりをつけたり、玄関をスロープに改修するべきか相談がありましたが、工事をしてしまうと、やり直しがきかないため、退院後の生活状況が安定するまでは手すりやスロープについてはレンタルで対応できるかどうか検討をしてみることになりました。

要介護1の利用者に車いすのレンタルをする

　パーキンソン病のBさんは、1日の中で、急激な症状・症候の軽快・増悪を起こしています。調子の悪いときの移動について、医師や福祉用具専門相談員も含めたサービス担当者会議を行い、対応を検討した結果、車いすの使用を行うため、軽度者申請（082ページ）を行うことになりました。

軽度者の福祉用具貸与に係る例外給付の取扱い

　特殊寝台や車いすなどは、要支援者や要介護1の軽度者は貸与が認められない品目です。しかし、疾患によっては1日のある時間帯に限って状態が特に悪化する場合など、福祉用具を必要とする場合もあります。そのような場合、「医師の意見（医学的な所見）」に基づく必要性の判断や、サービス担当者会議等を経た適切なケアマネジメント結果をふまえていることなどを条件として、保険者に認められた場合には、利用が可能になります。

例外給付の対象とすべき事案の例

Ⅰ	状態の変化	パーキンソン病の内服加療中の急激な症状・症候の軽快・増悪を起こす現象が頻繁にある。 重度の関節リウマチで、関節のこわばりが朝方に強くなり、時間帯によって、福祉用具が必要な状態となる。
Ⅱ	急性増悪	末期がんで、認定調査時は何とか自立していても、急激に状態が悪化し、短期間で福祉用具が必要な状態となる。
Ⅲ	医師禁忌	重度の喘息発作で、特殊寝台の利用により、一定の角度に上体を起こすことで、呼吸不全の危険性を回避する必要がある。 重度の心疾患で、特殊寝台の利用により、急激な動きにならないようにし、心不全発作の危険性を回避する必要がある。特殊寝台の必要性を医師からも指示されている。

対象外種目のレンタルが認められる種目

❶特殊寝台及び特殊寝台付属品
❷床ずれ防止用具及び体位変換器
❸移動用リフト（つり具の部分を除く）
❹車いす及び車いす付属品
❺認知症老人徘徊感知機器
❻自動排泄処理装置

08 福祉用具貸与、特定福祉用具販売

3 介護保険制度・サービス

チェック

- □ 本人・家族の暮らしや住居環境に適合し、共存が図れるよう福祉用具の検討をしていますか?
- □ 本人や主たる介護者、ホームヘルパーも各福祉用具の使用方法について理解できるよう配慮していますか?
- □ 福祉用具専門相談員や理学療法士等のリハビリテーション専門職と連携しながら導入を検討していますか?
- □ 福祉用具の導入後、本人の生活機能の状況、本人・家族の暮らしや住居環境に適合しているかなど、しっかりとモニタリングをしていますか?
- □ 新商品など福祉用具に関する情報を更新するようにしていますか?

09 住宅改修

> **POINT**
> 建築士、福祉住環境コーディネーター、工務店などの住環境整備の専門家はもちろん、理学療法士等のリハビリテーション専門職とともに検討します。

事例

　Aさんは、脳梗塞の後遺症（右片麻痺、構音障害）から歩行機能に障害があり、退院後、通所リハビリテーションを利用しています。

　事業所より連絡があり、先日、Aさんの家族から、本人が自宅のトイレに行くときに転倒しそうになり、屋内移動に不安があると相談されたとのことでした。Aさんと家族に改めて話を聞くと、トイレやキッチンに行く途中の段差で転びそうになったということでした。これを受けて、理学療法士とも相談した結果、住宅改修で廊下の段差の解消と、手すりの設置を検討してはどうかということになり、住宅改修業者も含めたサービス担当者会議を経て、改修を行いました。

　その後、Aさんに話を聞くと、家族や時間を気にすることなく、手すりを伝ってトイレに行くことができるようになり、家族もその様子をみて安心していると笑顔で話されました。

住宅改修とは

　住宅改修とは、在宅の要介護者などが現に居住する住宅の改修で、その要介護者の心身の状況や住宅の状況などに照らして、必要な改修であると認められるものに対して、その住宅改修の費用を一旦全額支払い、その後に保険給付分が、申

09 住宅改修

図表3-10 支給の対象となる改修

❶ 手すりの取付け
❷ 段差や傾斜の解消
❸ 滑りにくい床材・移動しやすい床材への変更
❹ 開き戸から引き戸等への扉の取替え、吊元・ドアノブ交換
❺ 和式から洋式への便器の取替え、便器の位置・向きの変更
❻ その他これらの改修に付帯して必要となる工事

請により払い戻される償還払いのサービスです。支給の対象となる改修は図表3-10の通りです。家屋の老朽化を原因とする改修や身体状況に関係のないリフォーム等の改修は、保険給付の対象となりません。

活用のポイント

老化や身体の障害により、歩行機能が低下した場合、自宅でもトイレ等の移動の際に転倒するかもしれない不安や恐怖心をもっている要介護高齢者は少なくないでしょう。介護する家族も心配するあまり、サービスが導入されていない時間や、目が行き届かない時間帯では、日常生活の移動に制限を加えるようなこともあるかもしれません。こうした環境下での生活は、本人の自発的な活動が制限されていき、生活機能の低下を促進してしまいます。

このような場合、室内からトイレまでの通路やトイレ内に適切に手すりを取り付け、段差を解消することで、排せつ時に自分の意思で、家族に気兼ねなくトイレまで行くことができるようになれば、これ自体が利用者の生活機能を向上させて、自尊心と生活への意欲も高まり、他の日常生活の活性化にもつながっていくことが期待できます。

このため、住宅改修を行う際には、高齢者の身体状況、介護者の状況、建物の状況などをふまえつつ、利用者そして家族の起床から就寝までの動き、1日の生活の流れをアセスメントしていくことが必要です。そのうえで、自立支援という視点から利用者の生活が改善できるようにしていく必要があります。

また、「支給の対象となる改修」の❻にある「付帯として必要となる工事」については、保険者の裁量が大きい部分ですので、必要があると判断した場合はあき

らめずに、保険者に相談をしましょう。併せて、利用者にはできること、できないことがあることをしっかりと説明をしましょう。

なお、「付帯として必要となる工事」とは、例えば、「扉の取替えの工事に伴う壁または柱の改修工事」や「手すりの取付け工事のための壁の下地補強」など、主たる改修に伴い必要となる工事のことを指します。

施工業者の選び方

多くのケアマネジャーは、建築に関する知識をもち合わせていません。また、本人や家族から知り合いの施工業者に依頼したいと言われるかもしれませんが、その業者が福祉の専門的な知識と技術をもち合わせているとは限りません。つまり、ケアマネジャーは住宅改修を行っている建築士、福祉住環境コーディネーター、工務店などの住環境整備の専門家を組み入れつつ、理学療法士等のリハビリテーション専門職とともに検討できる体制やネットワークをつくらなければならないのです。

なお、住宅改修の申請には、住宅改修が必要な理由書を作成する必要があります。この理由書は、ケアマネジャーの他、福祉住環境コーディネーター2級以上の資格をもつ人などが作成可能です。

住宅改修後のモニタリング

住宅改修に加え、リハビリテーション専門職からの働きかけのもと、家具の配置の変更、福祉用具の活用等のアプローチを併用していくことで、より効果的な生活の改善につながります。

また、改修後のモニタリングも重要となります。住宅改修の結果、逆に不安や不満が生じる場合があるかもしれません。また、時間の経過とともに高齢者の身体状況や家族の介護力が変化してくることも考えられ、そのときの状況に応じたモニタリングが必要になってきます。

こんな使い方も

付帯について市に相談し、門から玄関までをスロープにする

　歩行が不安定なAさんのため、玄関先をスロープに改修することが検討されました。しかし、Aさんの家は入り口の門から玄関までも距離があり、できたら玄関先までではなく、門までスロープにできたらよい、ということで市に相談をしたところ、付帯として必要となる工事が認められました。

償還払いが難しい場合に、住宅改修費受領委任払い制度を利用する

　Aさんの退院に合わせて、住宅改修を検討したところ、住宅改修費が高額になりそうな状況です。そこで、保険者に相談をしたところ、住宅改修費受領委任払い制度を紹介されました。

> **住宅改修費受領委任払い制度**
>
> 　住宅改修費受領委任払い制度とは、通常、償還払いで行う住宅改修について、利用者はかかった費用額の1割、2割または3割のみを施工事業者に支払い、残りの部分は、保険者が施工事業者に直接支払うようにする制度です。住宅改修のために一時的にまとまった費用が必要となり、資金面の問題から改修を行うことが困難となる場合を想定し、利用者の一時的な負担を軽減し、住宅改修制度をより利用しやすくすることを目的としています。住宅改修の受領委任払い制度を利用する場合、「受領委任払い取扱事業者」として保険者に登録された事業者による住宅改修でないと認められません。また、着工後では、受領委任払い制度を利用することができません。詳しくは保険者に問い合わせてみましょう。

チェック

☐ 利用者や家族の心身の状況、建物の状況、1日の生活の流れをふまえ、自立支援の視点から、住宅改修の必要性を検討していますか？

☐ 効果的な改修のため、建築士、福祉住環境コーディネーター、工務店などの住環境整備の専門家、理学療法士等リハビリテーション専門職等のネットワークを形成していますか？

☐ 住宅改修が不安や不満を発生させていないか、高齢者の身体状況や家族の介護力の変化に対応できるかなど、改修後のモニタリングをしっかりと行っていますか？

住宅改修の費用について COLUMN

支給限度額の考え方

住宅改修費の支給限度基準額は20万円とされています。利用者が1割負担の場合、実際の支給限度額は20万円ではなく、その1割となる18万円が最高額となります。この20万円は一度にすべてを使い切る必要はなく、5万円分の枠を使い、次に残りの10万円分の枠を使った場合、まだ5万円分の枠が残っているという形で利用可能です。ただし、一度使い切ると、一定の条件に該当しない限り復活することはありません。

支給限度額の復活条件

この一定の条件とは、❶転居した場合、❷要介護度が3段階以上あがった場合があります。例えば、要支援2で20万円を使い切ってしまっていても、要介護3になれば20万円の限度額が復活します。

❶転居した場合

介護保険被保険者証に記された被保険者の住所が変更になった場合

に適用になります。そのため、住所変更の手続きを済ませていない場合や住所変更の手続きを要しない場合（別荘など）には、このリセット制度は利用できないことになります。

❷要介護度が3段階以上上がった場合

この場合については、以下のルールがあります。

○要支援1と2は、この住宅改修費3段階リセットのケースにおいては、どちらの段階でも同じものだとみなされます。つまり、「要支援1から要介護2」については、一見3段階アップのようにみえますが、実際は適用されません。これは、2段階しか上昇していないとみなされることになります。

○初めて住宅改修を行ったときが3段階リセットの起点になります。例えば、限度額20万円をすべて使い切った後、3段階リセットを利用できる状況になっても、住宅改修を行わず、その後要介護度が低下した場合には、3段階リセットを行えません。逆にリセット後に住宅改修を行えば、要介護度が低下しても残りの金額の住宅改修を行うことができます。また、10万円を利用した後、3段階アップの後にリセットされても、使っていなかった10万円に加えて20万円が復活し、合計30万円の利用が可能になるわけではなく、20万円のままです。

このリセット制度を使うことによって、結果的に40万円分の枠を利用できますが、あくまで必要性のある工事に限られます。また、リセット制度の利用は1回までとなっています。

参考：施行規則第76条第2項の規定及び特例告示、施行規則第76条第1項及び第95条の規定

10 認知症対応型通所介護

> **POINT**
> 認知症の人を対象にしたデイサービスです。
> 認知症ケアについて学んだスタッフのもと、
> 少人数で本人のペースに合った時間を過ごせます。

事例

　Aさん（72歳、男性、要介護1、前頭側頭型認知症、認知症高齢者の日常生活自立度Ⅱa）は妻と二人暮らしです。Aさんは入浴を拒み、急に怒り出すことが多くなり、妻は精神的に辛くなっていました。何度か通所介護の利用を試みましたが、本人の拒否が強く、定期的な利用にいたりませんでした。そこでケアマネジャーは、前頭側頭型認知症の方を受け入れている認知症対応型通所介護を探し、妻に紹介したところ、試しに利用してみることになりました。

　最初は本人の外出するタイミングにあわせて迎えに来てもらい、生活のペースや興味をもてることなどをアセスメントしていきました。スタッフ・家族と情報を共有しながら、通所介護を中心に生活を立て直していきました。

　利用から3か月経ち、ある程度ご本人の様子がわかってきたところで、タイミングを見計らってスタッフが入浴に誘うと、応じてくれたとの報告がありました。また、妻に対しても前頭側頭型認知症の特徴やケアの仕方、Aさんのデイサービスでの様子などをスタッフから伝えてもらい、在宅でも落ち着きを取り戻してきています。

認知症対応型通所介護とは

　認知症対応型通所介護は地域密着型サービスの1つで、認知症の利用者が通所

10 認知症対応型通所介護

　介護の施設（デイサービスやグループホームなど）に通い、食事や入浴などの日常生活上の支援や、生活機能向上のための機能訓練や口腔機能向上サービスなどを日帰りで受けられるサービスです。

　事業所の形態としては、単独型、併設型、共用型の3類型に分けられます。

　認知症対応型通所介護は、定員が12名以下となっています。また、介護保険法に定める人員配置基準では、介護職員1人あたりの利用者人数は少ないので、一般の通所介護よりも人員体制が手厚くなっています。

活用のポイント

　認知症は、アルツハイマー病等を原因とした、記憶障害や見当識障害等により日常生活に支障が生じている状態です。そのため、なじみの生活パターンや住環境、人間関係とは異なる状態におかれると、それに適応することができず、さまざまな行動・心理症状（以下、BPSD）が発生するなど、状態が大きく悪化していくことがあります。そのため、認知症の人の支援においては、安心できるなじみの環境のなかでケアが行われることが大切になります。また、残された力を発揮して活躍できる役割や出番があり、プライドや意思を大切にしたケアを行っていくことが必要になります。こうしたケアを行っていくためには、認知症ケアに関する知識や技術を活用できる職員の養成が欠かせません。

また、認知症の人の在宅生活は、介護する家族の状態に大きく影響を受けます。家族が認知症への対応方法がわからず、介護負担を抱えている場合、そのストレスが認知症の人へ向かい、BPSDが増悪するなどの悪循環に陥ってしまいます。

　こうした認知症の人へ配慮したケアを行っているのが認知症対応型通所介護になります。認知症対応型通所介護は、12人以下の少人数でなじみの関係をつくりやすく、集団活動が難しい認知症の人に対しても、1人ひとり人の状態に合わせた個別の対応をとりやすい体制がつくられています。

　前述のように認知症の人はその障害の特性から、新しい環境に適応することが難しいため、介護者のレスパイトを目的としたショートステイや、デイサービスといったサービス利用に拒否的になる場合が多いと思われます。通常のデイサービスでは、認知症ではない人も利用しているため、認知症の人の立場にたてば、同じようにアクティビティに参加できず自信を失ったり、利用者間の摩擦も生まれたりするなど、本人にとって居心地のよい場所にはなりづらい場合もあります。事業者側としても、BPSDが増悪した利用者を受け入れる、あるいは利用を継続していくことは、限界がある場合もあります。

　認知症対応型通所介護は、こうした認知症の症状への対応の難しさから他のデイサービスの利用が難しいと考えられるような場合でも対応可能な社会資源です。また、認知症の人の状態の維持・改善には、暮らしのあり方が極めて重要であり、暮らしのなかで、本人が役割や出番をもち、力を発揮できる環境であれば、症状も安定し、認知症の進行を遅らせることができます。こうした環境をつくり出すには認知症ケアに関する高い専門性が必要となります。こうした観点からみると、まだそれほど進行していない軽度の認知症の人にとっても早期に利用を開始することによって、安定した在宅生活の継続を支えていく機能が期待できます。

　このように高い専門性が必要とされる認知症ケアが提供できる体制であるため、しっかりと連携していくことで、本人の状態とそれに対する適切なケアに関する情報や助言を得ることが可能になります。この情報を家族や他のサービス提供者と共有することで、さらに利用者にとって暮らしやすいケア環境をつくり出すことができます。一方、事業所によって施設環境や利用者の状態像、個別ケアの実施状況などがさまざまですので、事前に見学や運営推進会議への参加などを通して情報収集をしておきましょう。

こんな使い方も

若年性認知症の人に対する個別プログラムによる対応

　Aさん（62歳、女性、要介護2、アルツハイマー型認知症）は、家に閉じこもりがちになっていました。一度、デイサービスに見学に行きましたが、高齢の利用者ばかりだったのと、集団での活動が多くなじめませんでした。そこで、若年性認知症の方を受け入れた実績もあり、個別ケアに力をいれている認知症対応型通所介護を紹介したところ、自分のペースで過ごせることに加えて、趣味活動を活かせる活動を提案してもらったことで、利用を開始することができました。

BPSDの増悪が予測される利用者の暮らしの安定のため

　なんとか夫婦二人暮らしを続けていたBさん（83歳、女性、要介護2、アルツハイマー型認知症）は、最近鍋を焦がしたり、外出先で迷ったりする症状が度々みられてきました。認知症が進行していると考え、認知症対応型通所介護を利用し、スタッフと連携して、Bさんの状態について情報収集し、症状の進行にあわせた在宅生活の再構築を検討していきました。

参考：認知症介護研究・研修東京センター「認知症対応型通所介護事業所の適正な整備及び専門的な認知症ケアに関する調査研究事業報告書」2017年

チェック

☐ 見学や運営推進会議などを通して各事業所の様子や強みについて情報収集していますか？
☐ 事業所から認知症の状態、生活機能や意欲等の利用者に関する情報を収集し、家族や他の専門職と共有していくための連携とチーム構築ができていますか？
☐ 利用者のBPSDへの対応、生活機能や意欲の向上、介護者への支援といった点において、事業所のスタッフと連携していますか？

11 定期巡回・随時対応型訪問介護看護

POINT
訪問介護員はもちろん、看護師、保健師、理学療法士などのサービス提供事業者と密接に連携を図り、情報を共有しましょう。

事例

　Aさん（79歳、女性、要介護4、認知症）は、週2回の通所介護の利用をしています。また、糖尿病で服薬やインスリン注射を使用しています。最近、インスリン注射や服薬の管理が困難となり血糖値のコントロールができていない状況がみられました。同居の娘は日中仕事をしているため自宅にはいません。そこで、主治医と相談し、定期巡回・随時対応型訪問介護看護の導入を提案し、利用が開始されました。

　まず、計画作成責任者と相談のうえ、1日に2回、1回20分程度の定期巡回によって、血糖測定とインスリン注射及び服薬のチェック、食事量の確認を実施することになりました。1週間が経過し訪問介護と訪問看護による連携体制が構築されてきたところで、週2回であった訪問看護を週1回に減らし、定期巡回を1回増やし、看護は時間を短縮し対応することとなりました。

　ケアマネジャーは、計画作成責任者からの報告や、定期巡回・随時対応型訪問介護看護計画の変更の連絡を随時受けながらデイサービス事業者との状況の共有化を図り、ケアプランの修正を行っていきました。

定期巡回・随時対応型訪問介護看護とは

　定期巡回・随時対応型訪問介護看護は、定期的な巡回や随時通報への対応など、

11 定期巡回・随時対応型訪問介護看護

図表3-11 定期巡回・随時対応型訪問介護看護の4つのサービス

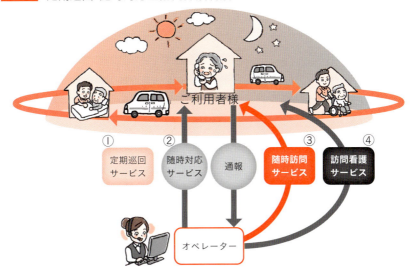

①**定期巡回サービス**（定期的な訪問介護サービス）
　訪問介護員等が、定期的に利用者の居宅を巡回して、入浴、排せつ、食事等といった日常生活上の世話を行います。

②**随時対応サービス**（24時間連絡受付業務）
　オペレーターが通報を受け、利用者の状況に応じてサービスの手配を行います。

③**随時訪問サービス**（緊急時や必要時における訪問介護サービス）
　オペレーターからの要請を受けて、随時、訪問介護員等が利用者の居宅を訪問して、入浴、排せつ、食事等といった日常生活上の世話を行います。

④**訪問看護サービス**（定期的な訪問看護サービス）
　看護師等が利用者の居宅を訪問して、療養上の世話または診療の補助を行います。

　利用者の心身の状況に応じて、必要なサービスを必要なタイミングで柔軟に提供するサービスです。サービスの提供にあたっては、訪問介護員だけでなく看護師なども連携し、介護と看護の一体的なサービス提供を受けることも可能なサービスです。

　具体的には、その名の通り、定期巡回サービス、随時対応サービス、随時訪問サービス、訪問看護サービスがあります。定期巡回サービスは、1日に数回、定期的に短時間の訪問をスケジュールに沿って訪問介護員が行います。随時対応

サービスは、「オペレーター」が随時、利用者や家族からの通報を受け、通報内容に応じて、随時訪問サービスが必要かどうかを判断し対応するものです。随時訪問は、随時対応において、必要性が判断された際に主に訪問介護員が駆けつけるサービスになります。これらに訪問看護が加わります。これらすべてを利用するのを一体型サービス、訪問看護を利用しない形態を連携型サービスといいます。

こうしたサービスの特性上、自宅から30分程度の範囲に事業所が配置され、各地域及び住民の特性に応じたきめ細かなマネジメントを行っています。この定期巡回・随時対応型訪問介護看護の介護報酬は、要介護度別で1か月単位の定額制になります。

活用のポイント

定期巡回・随時対応型訪問介護看護は、利用者の生活状況に応じて、非常に柔軟な対応が可能なサービスです。例えば、日中独居の高齢者の安否確認、見守り、定期的なインスリンの注射や服薬の管理のための訪問、水分補給の確認や食事摂取量のチェック、1日複数回の排泄介助など、常時、介護や看護が必要な重度の要介護者や、医療ニーズの高い利用者を支えていくうえで、従来の訪問介護や訪問看護では対応が難しかったものに対応することができます。

定期巡回・随時対応型訪問介護看護サービスは、利用者の状況に応じた柔軟な対応を行っていくため、居宅サービス計画の内容をふまえたうえで、実際に訪問を行っている介護職員と看護職員のチームが行う継続的アセスメントに基づいて、1日のサービス提供のタイミングなどを決定しています。こうしたマネジメントを行うことにより、より効果的なサービスの提供や介護職員・看護職員の連携が可能となります。

そしてこれらのマネジメントの内容は、計画作成責任者によって定期巡回・随時対応型訪問介護看護計画に反映され、ケアマネジャーに対して適宜、報告がされるようになっています。そしてケアマネジャーは報告を受けた後に、必要に応じて居宅サービス計画の変更等を行う必要があります。ケアマネジャーは、定期巡回・随時対応型訪問介護看護サービス事業者と密接に連携を図り、医師や他のサービス提供事業者との情報共有を進めつつ、利用者のニーズに即したケアプラ

ンを作成することになっています。

なお、本サービスの利用には、サービス内容の重複から、小規模多機能型居宅介護など併用できないサービスがあります。また、医療保険の訪問看護などが日割計算になったり、通所系サービスに減算があるなどの制約があります。

こんな使い方も

夜間の頻回な対応が必要な利用者に定期巡回サービスを利用

Aさん（要介護4）は、朝・夕で訪問介護が導入されていましたが、夜間にベッドからずり落ちたり、転倒や車いすからの転落が多くなり、トイレに間に合わず、失禁することも増えたため、食事介助・トイレ介助・服薬確認・水分補給のため、定期巡回サービスを導入しました。

退院直後の不安定な状況を乗り越えるために利用

Bさん（要介護3）は、退院直後で歩行が不安定だったことと、服薬確認が必要なため、定期巡回サービスを導入しました。定期巡回サービス実施の2か月後、体力がやや回復し、服薬も自分で管理できるようになったため、訪問介護へ移行しました。

参考：横浜市健康福祉局介護事業指導課　よこはま地域ネット24「つかってみて本当に良かった24時間対応が可能なサービス　定期巡回・随時対応型訪問介護看護事例集」

\チェック/

☐ 計画作成責任者との密な連携体制が構築されていますか？
☐ 医師や他のサービス提供事業者と情報共有ができる体制を整えていますか？

12 介護保険以外の高齢者福祉サービス

> **POINT**
> 自治体ごとに独自のサービスがあるので、情報収集が大切です。介護保険サービスではカバーしきれないニーズに対応するため、うまく組み合わせていきましょう。

事例

　Aさん（87歳、男性、要介護1）は、3年前に妻に先立たれてから一人暮らしを続けていましたが、最近、同じ衣類や汚れたものを着てデイサービスに来ているとの連絡がありました。自宅に訪問し、生活の様子をみてみると、キッチンや部屋が乱雑で、洗濯物もたまっている状況でした。主治医に連絡し、状況を伝えたうえで受診したところ、認知症の診断を受けました。

　Aさんは外食が多くなっているようでしたが、調理をしていることもあるようです。そこで、訪問介護の導入を新たに検討しつつ、市の福祉サービスで、電磁調理器や自動消火器を補助を受け設置するとともに、通所介護に来ない日の安全確認も含めて配食サービスの導入も検討しました。

活用のポイント

　介護保険で利用できるサービス以外に、各市区町村が実施している高齢者を対象としたさまざまなサービスがあります。同じようなサービス内容でも自治体ごとに名称が異なっている場合があります。また、企業等が実施しているものもあります。

　自治体で実施しているものは、料金は無料、または利用者の一部自己負担が生

じる場合もあります。利用の条件もさまざまで、一定の年齢、要介護度が必要な場合もあります。また介護保険で認定されない人も利用できるものもあります。まずは情報を集めてみましょう。

　これらのサービスの情報は、市区町村の窓口や地域包括支援センターで得ることができます。また、市区町村のサービス情報については、自治体が発行する「高齢者福祉のしおり」といったタイトルの広報誌などでも紹介されています。介護保険サービスではカバーしきれていないさまざまな介護や生活支援に関するニーズに対応しているため、うまく組み合わせることでより生活の質を向上させる支援が可能になります。

　自治体ごとに提供されているサービスの種類・内容・料金などに違いはありますが、いくつか代表的なものを次ページのコラムで紹介します。コラムにあげたサービスの他にも、コンビニチェーンや生協、弁当チェーンなどで配食サービスを行っていたり、清掃会社、警備会社、家事代行サービス会社等が行う家事代行サービス、タクシー会社などが行う移送サービスなど、自治体とは別に企業等が行うサービスがあります。自治体のものに比べると費用がかかりますが、経済的な事情が許せば活用を検討してみましょう。社会福祉協議会等に問い合わせ、情報を得ておきましょう。

- □ 市町村独自の事業やサービスは、市区町村が発行する広報誌などで積極的に情報を入手しましょう。
- □ 企業等が行う介護や生活支援に関するサービスについては、社会福祉協議会等で情報を得ることが可能です。

高齢者福祉サービスの一例

　自治体等が独自に行っている福祉サービスはさまざまありますが、ここではその一例を示します。担当地域にどのようなサービスがあるか確認し、利用者の生活支援に役立てましょう。

サービスの種類	内容
配食サービス	昼食や夕食を自宅に届けるサービスです。一人暮らしの高齢者、または食事づくりが困難な高齢者などが対象となっていることが多いです。栄養バランスの取れた食事が提供されることによる、低栄養状態の改善などに加え、一人暮らし高齢者への安否の確認を目的として活用することができます。なお、配食サービスについては自治体が行うもの以外にも、外食産業などが行っているものもあります。
家事援助サービス	日常生活上の援助が必要な高齢者を対象に、洗濯、掃除、買い物、外出の介助、留守番、話し相手などの軽易な日常生活上の援助を行うサービスです。訪問介護でカバーしきれない、庭、生垣、庭木等の手入れや、雪下ろし、除雪などもカバーしている場合もあります。
送迎・移送サービス	体の不自由な高齢者等に対して、自宅から病院や高齢者福祉施設までの送迎サービスを行います。
寝具の丸洗い・乾燥サービス	掛け布団、毛布、敷布団の丸洗い、乾燥、消毒を行ってくれるサービスです。一人暮らしや身体が虚弱な高齢者世帯の人で、要介護状態等で、なかなか布団を干したり、洗ったりすることが難しい場合に寝具を衛生的に管理することができます。
電磁調理器等の購入助成	電磁調理器の購入や自動消火器、ガス漏れ警報器の取付工事の助成を行うサービスです。認知機能の低下した高齢者などが、ガスの火を消し忘れるなどの火の不始末は、本人だけでなく、近隣にも危険が及ぶ可能性があります。一方で調理をするという行為は関連する買い物や、食器を洗うという行為もあわせて、それを維持することが本人のQOLに大きな役割を果たしている場合があります。そのような場合に活用が考えられます。

12 介護保険以外の高齢者福祉サービス

COLUMN 3

介護保険制度・サービス

認知症高齢者見守りサービス	自宅で暮らす認知症の方の、見守り、話し相手、外出支援（散歩）など日常生活を支援するサービスや、外出して時々自宅に戻れないなどの行動がある在宅の認知症高齢者等を介護している方に、居場所探索専用端末機器を貸与するサービスがあります。
緊急通報システム	自宅で急病などの緊急事態に陥ったとき、また急な事故が発生したときなどに備えた通報システムの貸与を行うサービスになります。例えば、ペンダント式無線発報器等を貸与し、緊急時にボタンを押すと、消防署等へ連絡され、救助を行ってくれるものなどがあります。脳血管性疾患、心疾患等の慢性疾患があり常時注意を要する状態にありながら、一人暮らし等で日常生活に不安のある方などへの活用が考えられます。
紙おむつ等の介護用品の給付または購入費助成	紙おむつや尿とりパッド、清拭剤や使い捨て手袋、ドライシャンプーなどの介護用品の支給や、購入助成を行うサービスです。 在宅介護は介護保険サービスの利用料だけでなく、こうした介護用品の購入費も家計に大きな負担になっていきます。特に、寝たきりで紙おむつを必要とする利用者を介護する家庭の経済的負担を軽減するための活用が考えられます。
訪問理美容	自宅に訪問し、髪のカットなど理美容のサービスを行います。一般に重度の要介護者等の外出困難な状況など、一般の理美容サービスを利用することが困難な高齢者を対象として行われています。

権利擁護にかかわる制度・サービス

CONTENTS

01 権利侵害に対する基本姿勢
02 高齢者虐待への対応
03 日常生活自立支援事業
04 成年後見制度
05 成年後見人等との連携
06 消費者トラブル・被害への対応

01 権利侵害に対する基本姿勢

> **POINT**
> 高齢者は権利が侵害されやすい立場にあります。
> ケアマネジャーが発見したときは
> 適切な相談機関や制度につなぎ、
> チームの一員として対応していきましょう。

ケアマネジャーは人権と尊厳を支える専門職

　人権とは、生まれつき、誰にでも認められるべき基本的な権利です。具体的には、差別されない、自由に考え行動する、経済活動を行う、教育を受ける、選挙に参加することができるといった権利があります。これらの権利は、憲法や法律で保障されており、普段は意識しないものですが、なくなると、その大切さがわかる、社会生活をおくるうえで、非常に大切なものになります。

　社会福祉の対象となるような非常に傷つきやすい立場におかれた人々は、人権が守られず、暴行や虐待・差別といったさまざまな権利侵害にさらされることがあります。例えば、要介護高齢者は加齢に伴う判断能力の低下や身体機能の減退に加え、疾患等による心身の障害などから、仕事を続けたり、住まいを確保することが難しくなるといった状況に陥りやすいといえます。さらに、そうした要介護高齢者のなかでも、社会的な孤立や、経済的貧困などの状況におかれた人々は、適切な福祉や医療サービスを受ける権利すら十分に保証されない状況におかれてしまう可能性があります。

　また、認知症を有する高齢者が金銭などの財産を搾取されたり、介護や世話をしてもらえない、暴力的な行為を受けたりするなどの事例が数多く報告されています。人権が当然のように守られなければならない介護施設においても、プライバシーへの配慮がない、身体の安全といった名目下で高齢者をベッドや車いすに

01 権利侵害に対する基本姿勢

図表4-1 権利侵害に対するつなぎ先と法律・制度等

権利侵害の類型	相談先	活用が想定される法律・制度
とにかく迷ったら	地域包括支援センター	
高齢者虐待（の疑い）	地域包括支援センター 市町村	高齢者虐待防止法 老人福祉法
判断能力が不十分で、本人の権利を守る人が必要	社会福祉協議会 成年後見センター・権利擁護センター 市町村 地域包括支援センター	成年後見制度
判断能力が一定程度あるものの、日常の金銭管理や重要書類等の管理に不安がある	社会福祉協議会	日常生活自立支援事業
消費者トラブル 悪徳商法	消費生活センター 地域包括支援センター	クーリング・オフ 不当な勧誘、不当な契約条項の無効等による解約 消費契約法、景品表示法、特殊商取引法等
特殊詐欺	警察 振込先の金融機関	振り込め詐欺救済法 振り込め詐欺被害回復分配金 犯罪被害回復給付金支給法 被害回復給付金支給制度

縛っておくといった身体拘束等の人権侵害が行われている事例も報告されています。

　利用者の暮らしの様子を把握するケアマネジャーは、こうした権利侵害を発見しやすい立場にいるといえます。日本介護支援専門員協会の倫理綱領には、第1条及び第2条に基本的人権の尊重と権利擁護がうたわれています。つまり、ケアマネジャーは、高齢者の権利が侵害されていることを発見したら、それを見過ごしてはならないのです。

権利侵害にはチームで対応する

　権利侵害の背景には、複雑で解決の難しい課題があります。高齢者虐待でいえば、介護者の介護負担の増加のみならず、経済的な問題、長年の家族関係上の課題などが複雑に関係し合っているかもしれません。こうした課題をケアマネジャー1人の力で対応していくことは難しいといえます。

　例えば、財産をめぐる親族間の利害関係者が絡むような状況に巻き込まれ、ある一方の利益を代弁するような立場におかれてしまうと、もはやその状況に第三者的な立場でかかわっていくことはできなくなります。一方の側からは味方として仲間に引き込まれ、もう一方の側からは敵としてみなされるような立場になってしまうと、状況によっては敵としていた側の権利を侵害をしてしまうことになるかもしれません。

　昨今、こうした権利侵害に対応できる相談機関や制度がつくられてきました。ケアマネジャーは、こうした相談機関や制度につなぎ、多様な関係者からなるチームの中で、あくまで利用者の暮らしを支えるという自らの役割を担いながら、課題の改善・解決に粘り強く向き合っていく姿勢が必要です。

01 権利侵害に対する基本姿勢

4 権利擁護にかかわる制度・サービス

チェック

- □ どのようなことが権利侵害にあたるのかを学んでいますか?
- □ 権利侵害が疑われるケースを担当したとき、1人で抱え込まず、対応できる相談機関や制度につなぐようにしていますか?
- □ 権利侵害に対応するチームの中でケアマネジャーとしての役割を担いながら課題の改善・解決に向き合おうとしていますか?

02 高齢者虐待への対応

> **POINT**
> 虐待の徴候を察ししたら、
> 1人で判断したり、抱えたりせず
> 即通報します。
> 裏付けは必要ありません。

事例

　息子と同居しているAさん（73歳、女性、要介護3）は、最近、認知症が進行してきた様子がうかがえます。

　ある日、ケアマネジャーのもとにデイサービスから「入浴の際、Aさんの体にあざが認められたので本人に聞くと、転んだと答えるんですが、送迎を担当しているスタッフからは、息子が強い口調で叱責をしている場面を目撃していたという報告もあって、虐待を受けているのかもしれません」と連絡がありました。

　ケアマネジャーは虐待の疑いがあると考え、すぐに地域包括支援センターに通報し、情報提供を行いました。その後、地域包括支援センターが中心となり、緊急性の判断を行ったところ、息子の介護疲れが顕著な状況でありストレスがたまっているが、緊急性は低いと判断して、介護サービスを提供しながら様子をみていくことになりました。

　ケアマネジャーは息子と改めて話をする時間をとり、デイサービスの利用回数を増やすとともに、ショートステイも利用するようにケアプランを見直しました。

虐待の兆候を察知したら、即通報する

　虐待の兆候を察知したら、1人で判断したり、抱え込んだりせず、早期に市区町村や地域包括支援センターに相談しましょう。虐待者が虐待をしているという

02 高齢者虐待への対応

図表4-2 高齢者虐待疑義の対応の流れについて

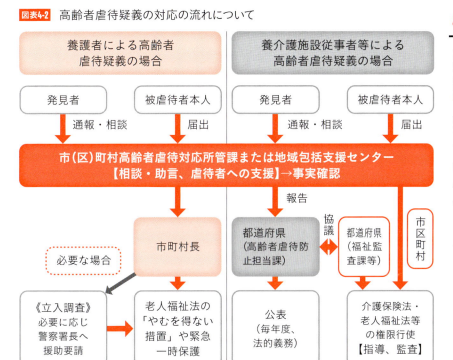

「自覚」は問いません。客観的に高齢者の権利が侵害されていると確認できる場合には、虐待の疑いがあると考えて対応しなければなりません。虐待の対応で重要なのは、早期発見、早期介入です。そのためには、要介護者やその家族の様子、さらに通所介護や訪問介護などのサービス提供者の情報から、「虐待の芽」の段階で介入していくことが必要になります。

一方、高齢者虐待には、虐待かそうでないかの判断に迷うグレーゾーンへの対応が求められます。目の前で暴力をふるわれている状況に立ち会う場合などは、疑いなく虐待として認識できるかもしれません。しかし、月に数度の訪問では、例えばネグレクトや心理的虐待はわかりづらい場合もあるかもしれません。経済的虐待についても、通常の業務を行ううえで利用者の資産についての情報まで把握する必要がないため、気づきづらいかもしれません。そのため、訪問の際の利用者や家族の様子や、他サービス提供事業者との連携を密にしながら、その兆候

を察知していくことが必要になります。

　そして、「虐待かもしれない」兆候を察知したら、すぐに市区町村や地域包括支援センターに報告します。「本当に虐待をしているか」という裏づけは必要ありません。それを行うのは地域包括支援センター等の対応チームの役割になります。

　なお、高齢者虐待を市区町村に通報することについては、守秘義務に関する法律に違反することにはなりません。通報を受けた市区町村職員は、誰が通報したのかわかるような情報を漏らすことを禁じられています（高齢者虐待防止法第8条）。

　また、通報は養護者や利用者から同意を得る必要ありません。養護者に対する誠実さや信頼関係という点で悩むかもしれませんが、まずは通報することが大事です。そのうえで、ケアマネジャーとして利用者と家族の生活を支援していくという役割を継続していく必要があります。

養護者による虐待の特徴

　高齢者虐待のうち、養護者による虐待は、虐待を行っている家族も、虐待を受けている本人もその自覚がなく、事例のように家族をかばおうとすることもあります。在宅における高齢者虐待は、家庭という密室で生じているため外部からはみえにくく、また虐待者も自分が虐待をしているという自覚がない場合も少なくありません。しかし、先述の通り、虐待に対する「自覚」は問いません。客観的に高齢者の権利が侵害されていると確認できる場合には、虐待の疑いがあると考えて対応します。そのため、近隣住民をはじめとして、地域の民生委員や介護保険サービス事業者等の本人をとりまく関係者からの相談や情報提供が重要になります。こうした情報から虐待に陥る兆候を感じたときには、市区町村や地域包括支援センターの担当者に相談をするようにしましょう。

通報から終結まで～ケアマネジャーは本人の支援者としてかかわる

　市区町村や地域包括支援センターに通報すると、虐待対応のマネジメントは市区町村に移ります。虐待に対応していくチームが組織され、事実確認等が行われ

ます。そして事実確認の結果、虐待によって生命または身体に重大な危険が生じているおそれがあると認められた場合、高齢者虐待防止法では高齢者を一時的に保護するため、市区町村が適切に老人福祉法の規定による措置を講じ、または成年後見開始の審判の請求をすることを規定しています。

つまり、市区町村の判断によって特別養護老人ホーム等に入所させ、かつ家族の面会の制限を設けるなどの措置がとられるなど、家族が分離する事態になるかもしれません。さらに、長期分離が必要な場合には、分離後の高齢者本人と家族のフォローや、本人が家庭や地域に戻って生活できるための手立てについても検討・調整するという長期的な視点でかかわっていくことになるかもしれません。

いずれにしても、ケアマネジャーの役割はケアマネジメントを通した利用者や家族の支援です。利用者の暮らしをケアマネジメントによって支えるという本来の業務を遂行しながら、チームの一員として情報提供等の協力を行っていくことになります。この役割をしっかりと遂行していくためにも、虐待対応の仕組みを理解し、連携をしっかりと行っていきましょう。

チェック

- □ サービス提供事業者の情報から、虐待の芽を察知していますか？
- □ 虐待の判断や対応については、ケアマネジャーのみでせず、組織的な対応を行うようにしていますか？
- □ 通報をしても守秘義務違反にならず、通報者がわかるような情報は漏らされません。

高齢者虐待防止法　COLUMN

　高齢者虐待防止法（高齢者虐待の防止、高齢者の養護者に対する支援等に関する法律、平成17年法律第124号）は、高齢者虐待防止等に関する市区町村等の責務、高齢者虐待を受けた高齢者の保護のための措置、養護者の負担の軽減を図ることなど、養護者（家族等）による高齢者虐待の防止のための支援の措置等を定めています。つまり、ただ単に高齢者虐待を受けた高齢者の保護だけでなく、養護者の支援も目的にしているのです。

　また、この法律でいう高齢者虐待とは、養護者及び養介護施設従事者（施設職員等）を対象としており、家族等による虐待の防止だけでなく、介護保険施設など養介護施設や居宅サービス事業所などの養介護事業の従事者による虐待防止を明記した点が特徴になります。

　高齢者虐待防止法では、虐待を「身体的虐待」「介護の放棄・放任」「心理的虐待」「性的虐待」「経済的虐待」の5類型に分類しています。なお、この法でいう高齢者とは65歳以上の人を指します。また、高齢者虐待防止法では、市町村（「特別区」を含む）が第一義的に責任をもつことが規定されています。

図表4-3 高齢者虐待の種類と定義(第2条4項、5項)

	養護者による高齢者虐待	養介護施設従事者等による高齢者虐待
身体的虐待	その養護する高齢者の身体に外傷が生じ、または生じるおそれのある暴行を加えること	当該施設を入所・利用する、または当該事業のサービスを受ける高齢者の身体に外傷が生じ、または生じるおそれのある暴行を加えること
「介護・世話の放棄・放任」またはネグレクト	その養護する高齢者を衰弱させるような著しい減食または長時間の放置、養護者以外の同居人による、身体的虐待、心理的虐待、性的虐待と同様の行為の放置等養護を著しく怠ること	当該施設を入所・利用する、または当該事業のサービスを受ける高齢者を衰弱させるような著しい減食または長時間の放置その他の高齢者を養護すべき職務上の義務を著しく怠ること
心理的虐待	その養護する高齢者に対する著しい暴言または著しく拒絶的な対応その他の高齢者に著しい心理的外傷を与える言動を行うこと	当該施設を入所・利用する、または当該事業のサービスを受ける高齢者に対する著しい暴言または著しく拒絶的な対応その他の高齢者に著しい心理的外傷を与える言動を行うこと
性的虐待	その養護する高齢者にわいせつな行為をすること、または高齢者をしてわいせつな行為をさせること	当該施設を入所・利用する、または当該事業のサービスを受ける高齢者にわいせつな行為をすること、または高齢者をしてわいせつな行為をさせること
経済的虐待	養護者または高齢者の親族が当該高齢者の財産を不当に処分すること、その他当該高齢者から不当に財産上の利益を得ること	当該施設を入所・利用する、または当該事業のサービスを受ける高齢者の財産を不当に処分すること、その他当該高齢者から不当に財産上の利益を得ること

03 日常生活自立支援事業

> **POINT**
> 判断能力の低下などから
> 日常的金銭管理サービス、
> 事務手続きの援助が必要と感じた場合は、
> 社会福祉協議会に相談をしましょう。

事例

　Aさん（89歳、女性、要介護1、一人暮らし）の遠方に住む孫娘からケアマネジャーに相談の電話があり、「祖母が銀行で多額のお金をおろして家においています。本人は銀行に何度も行くのが面倒だから多めにおろしたと言うのですが、心配で……」という内容でした。

　本人に確認すると、「医療費や介護サービス費の支払いが面倒になってきた。あんたがやってくれると助かる」と言われました。ケアマネジャーは、自分はそうしたことはできないと断ったうえで、社会福祉協議会が行っている日常生活自立支援事業について説明しました。

　後日、孫娘にもAさんの言葉を伝え、3人で社協に相談に行くことにしました。そこで丁寧な説明を受け、利用を開始する方向で話が進んでいきました。

日常生活自立支援事業とは

　ケアマネジメントは利用者の生活に深く関与する仕事です。そのため、利用者の信頼を得て業務を遂行していくなかで、介護保険サービスの利用だけでは対応が難しい事態に直面した場合に、その隙間をケアマネジャー自らが埋めようとしてしまうことがあるかもしれません。しかし、事例のように利用者の財産管理にかかわるような業務は、明らかに業務の範囲を超えています。こうしたときに役

03 日常生活自立支援事業

図表4-4 日常生活自立支援事業のしくみ・流れ

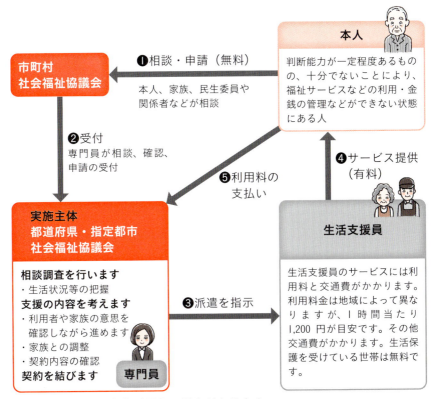

＊地域により実施主体が異なる場合があります。

図表4-5 主な日常生活自立支援事業

福祉サービスの利用援助	福祉サービスの利用に関する情報の提供や相談にのるとともに、福祉サービスの利用における契約の代行を行います。
日常的金銭管理サービス	福祉サービスの利用料金の支払い代行や、医療費の支払い、年金の受領、公共料金の支払い、日用品購入の手続き、預金の出し入れや解約の手続きを行います。
事務手続きの援助	居住家屋の貸借に関する情報提供、住民票の届け出に関する手続き、クーリング・オフ制度などの利用手続きの援助を行います。
書類等の預かりサービス	年金証書、預貯金通帳、各種の証書、実印などを預かるサービスを行います。

立つ事業が日常生活自立支援事業です。

　日常生活自立支援事業は、都道府県・指定都市社会福祉協議会が実施主体となり、認知症高齢者、知的障害者、精神障害者等のうち、判断能力が不十分な者が地域において自立した生活がおくれるよう、利用者との契約に基づき、無料、あるいは低額な料金で福祉サービスの利用援助等を行う事業です。窓口業務等は市町村の社会福祉協議会等で実施します。

　この事業の対象は、日常生活を営むのに必要なサービスを利用するための情報の入手、理解、判断、意思表示を本人のみでは適切に行うことが困難な方で、かつ、本事業の契約の内容について判断し得る能力を有していると認められる人になります。つまり、判断能力が不十分な状況にあるけれども、本事業の契約能力を有しているという状態にある人になります。したがって、すでにこの契約をすることが難しい状態にある人は、成年後見制度を利用することになります。成年後見制度との併用は自治体によってはできない場合もあります。

活用のポイント

　利用希望者は市町村の社会福祉協議会等の相談窓口に申請（相談）します。その後、実施主体である都道府県・指定都市社会福祉協議会は、利用希望者の生活状況や希望する援助内容を確認するとともに、本事業の契約の内容について判断し得る能力の判定を行います。その結果、利用希望者が本事業の対象者の要件に該当すると判断した場合には、専門員が利用希望者の意向を確認しつつ、援助内容や実施頻度等の具体的な支援を決める「支援計画」を策定し、契約が締結されます。なお、支援計画は、利用者の必要とする援助内容や判断能力の変化等利用者の状況を踏まえ、定期的に見直されます。

　支援が開始されると、契約内容（支援計画）に基づき、生活支援員が定期的に訪問し援助します。生活支援員が訪問するときに合わせて訪問して、顔のみえる関係をつくりながら、利用者の状況を共有していきましょう。

　また、将来的に成年後見制度の利用が想定される場合に、スムーズな移行を行うためのステップとしての活用も考えられます。

チェック

☐ 金銭管理や重要書類の管理などを、ケアマネジャー自らが担っていませんか?

☐ 日常生活自立支援事業でカバーできるニーズや手続きについての概要を理解していますか?

☐ 生活支援員と顔のみえる関係をつくりながら、利用者の状況を共有していますか?

意思決定支援ガイドライン COLUMN

　皆さんは認知症の方の支援をする際、ご本人の意思を確認せず、ご家族の意見でケアプランをたてていることはありませんか?

　日本も署名、批准している国連障害者権利条約の12条の中では、障害者がすべての場所において法律の前に人として認められる権利を有すること、生活のあらゆる側面において他の者との平等を基礎として法的能力を享有すること、法的能力の行使に当たって必要とする支援を利用する機会を提供するための適当な措置をとることが締約国に求められるようになりました。つまり、これまで意思疎通が難しい、判断能力が低下しているとされてきた、知的障害をもつ人や認知症の人も、法的能力をもつ人として意思決定を行う機会が保障されなければならないとされているのです。

　意思を形成し、表出したり実現する能力の「ある―なし」が問題なのではなく、そうした能力は「ある」ことを前提に、その人の能力に応じて意思を形成し、表出・実現できるようにどう支援を行うかが問われています。これは利用者の自己決定・自己選択を前提とする介護保険制度とそれを具現化する仕組みであるケアマネジメントにおいて避けることのできない重要な実践テーマです。

　2018年に厚生労働省から、判断能力の低下した方の意思決定をどう支援するかのガイドラインがだされました。ぜひ、その内容を確認し、自らのケアマネジメントを振り返ってみてください。

04 成年後見制度

> **POINT**
> 判断能力が不十分な成人の財産管理、福祉サービスの利用契約などを家庭裁判所で選任された成年後見人等が代理して行う制度です。

事例

　Aさん（84歳、男性）は定年まで会社で役員を務めていたこともあり、経済的には余裕があります。妻はすでに亡くなり、子どもは海外で生活しているため、気ままな一人暮らしを続けていました。

　転倒して大腿骨を骨折し、要介護状態になってからは、デイサービスを週2回、訪問介護を週3回利用しながら独居を続けていました。しかし、徐々に認知症の症状が現れ、家に戻れないことが増え、ついに火の不始末からボヤを出してしまいました。Aさんはすっかり気落ちして、施設入所も話題にあがるようになり、財産の管理についても不安を漏らすようになりました。

　そこで担当ケアマネジャーは成年後見制度をAさんに紹介したところ、詳しい話が聞きたいということになり、後日、地域包括支援センターに同行して、職員から説明をしてもらい、制度の利用を検討していくことになりました。

成年後見制度とは

　成年後見制度の利用を検討すべき状況とはどのようなものでしょうか。例えば、認知症等によって、判断能力の低下がみられ、かつ親族等からの支援が受けづらい状況のなかで、介護サービスの契約に心配がある場合、金銭の浪費やセルフネグレクトなどの課題がある場合、親族からの経済的な虐待やネグレクトなどがあ

図表4-6 成年後見制度の仕組み

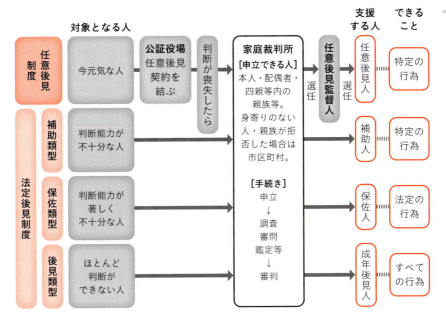

る状態などが想定されます。また、不動産や預貯金などの財産管理、介護サービスや施設入所に関する契約の締結、遺産分割の協議などの法律行為を行うことが難しい場合や悪徳商法の被害を受けやすい状態といったことも考えられます。成年後見制度はこうした状況から利用者を保護するとともに、本人の支援を法律的に行う仕組みです。

成年後見制度は、大きく分けて任意後見制度と法定後見制度があります。

任意後見制度

任意後見制度は、契約の締結に必要な判断能力を有している間に、将来自分の判断能力が不十分になったときの生活や療養看護、財産の管理に関する事務の全部または一部を委託し、その委託にかかる事務について代理権を付与する任意後見人を、自ら事前の契約によって決めておく仕組みです。その後、判断能力が不十分になった場合、家庭裁判所は本人があらかじめ選任しておいた任意後見人に対し、家庭裁判所が選任した任意後見監督人を通じて監督します。

わかりやすくいえば、認知症などにより判断能力が心配になってきてから利用するのが法定後見制度で、判断能力が心配ではないときに将来に備えて利用するのが任意後見制度です。

法定後見制度

法定後見制度は判断能力の不十分な人を保護するため、本人の行為能力（契約などの法律行為を独立して有効に行うことができる能力）を制限するのとあわせて、本人に代わり法律行為を行う後見人等を選任する制度です。

後見人等は、本人の判断能力が不十分になった場合に家庭裁判所の審判により、本人の判断能力の程度に応じて決定されます。

後見人になれるのは、家族（配偶者、子、孫、兄弟姉妹などの親族）や第三者：個人（社会福祉士、弁護士、司法書士など）、法人（社会福祉法人など）があります。後見人になれない人は、❶未成年、❷家庭裁判所によって法定代理人、保佐人、補助人の職を解かれた人、❸破産者、❹被後見人に対して訴訟をした人やその配偶者、直系血族、❺行方の知れない人です。

なお、身上監護を家族後見人、財産管理を第三者後見人が担うなどの役割分担や複数選ぶことも可能です。このように、後見人等は、本人の親族以外にも、法律・福祉の専門家その他の第三者、福祉関係の公益法人その他の法人が選ばれる場合があります。また、成年後見人等を監督する成年後見監督人などが選ばれることもあります。

利用の流れ

法定後見制度の利用の流れは、❶本人の住民票がある地域を管轄する家庭裁判所への申し立て、❷家庭裁判所の調査官による事実の調査、❸精神鑑定、❹審判、❺審判の告知と通知となります。

申立ては、本人、配偶者、四親等内の親族など、そして市町村長によって可能です。この市町村長の申し立ては、2親等内で該当する親族がいない、あるいは親族がいても適切な保護がなされていない場合や虐待を受けているような場合が考えられます。このような場合、市町村長が申し立てを行う必要があります。成年後見センターや地域包括支援センターに相談をしましょう。

04 成年後見制度

図表4-7 法定後見制度の種類

		後見	保佐	補助
対象となる方		判断能力が全くない方	判断能力が著しく不十分な方	判断能力が不十分な方
申立てができる方		本人、配偶者、四親等以内の親族、検察官、市区町村長など		
成年後見人等の権限	必ず与えられる権限	・財産管理についての全般的な代理権、取消権（日常生活に関する行為を除く）	・特定の事項（※1）についての同意権（※2）、取消権（日常生活に関する行為を除く）	―
	申立てにより与えられる権限	―	・特定の事項（※1）についての同意権（※2）、取消権（日常生活に関する行為を除く） ・特定の法律行為（※3）についての代理権	・特定の事項（※1）の一部についての同意権（※2）、取消権（日常生活に関する行為を除く） ・特定の法律行為（※3）についての代理権
制度を利用した場合の資格などの制限		・医師、税理士等の資格や会社役員、公務員等の地位を失うなど	・医師、税理士等の資格や会社役員、公務員等の地位を失うなど	―

※1 民法13条1項に掲げられている借金、訴訟行為、相続の承認や放棄、新築や増改築などの事項をいいます。ただし、日用品の購入など日常生活に関する行為は除かれます。
※2 本人が特定の行為を行う際に、その内容が本人に不利益ではないか検討して、問題がない場合に同意（了承）する権限です。保佐人、補助人は、この同意がない本人の行為を取り消すことができます。
※3 民法13条1項に挙げられている同意を要する行為に限定されません。
出典：最高裁判所パンフレット「成年後見制度～詳しく知っていただくために」2012年，1ページ

　申し立てには、申立書類、診断書、住民票、本人の戸籍謄本などが必要になります。また、申立手数料、登記費用、郵送料の他、鑑定料が必要なこともあり、十数万円かかることもあります（図表4-8）。この他、成年後見人に対する基本報酬も必要になるので、経済的な費用対効果も検討する必要があります（図表4-9）。こうした費用に対して補助制度があるので、地域に使える制度があるか確認しましょう。

　いずれにしても、具体的な手続きは複雑なので、成年後見センターや地域包括支援センターに相談しましょう。

図表4-8 成年後見制度の費用の目安

申立手数料及び後見登記手数料	収入印紙　3,400円分（内訳：800円分＋2,600円分） ※保佐申立てや補助申立てで、代理権や同意権の付与申立てもする場合には、さらにそれぞれ800円分の収入印紙が必要です。
登記手数料	収入印紙　2,600円（任意後見は1,400円）
送達・送付費用	後見申立て　　　3,220円分 保佐・補助申立て　4,130円分
鑑定費用等	医師による鑑定10万円～20万円程度 診断書の作成費用（数千円）
書類	住民票（数百円）、戸籍抄本（数百円）

図表4-9 後見人等の報酬の目安

基本報酬
(1) 成年後見人　　月額2万円
　　管理財産額が1,000万円を超え5,000万円以下の場合は月額3万円～4万円
　　管理財産額が5,000万円を超える場合には基本報酬額を月額5万円～6万円
　　*保佐人、補助人も同様

(2) 成年後見監督人
　　管理財産額が5,000万円以下の場合には月額1万円～2万円
　　管理財産額が5,000万円を超える場合には月額2万5,000円～3万円
　　*保佐監督人、補助監督人、任意後見監督人も同様です。

付加報酬
　　成年後見人等の後見等事務において、身上監護等に特別困難な事情があった場合には、上記基本報酬額の50パーセントの範囲内で相当額の報酬を付加する。

複数成年後見人等
　　成年後見人等が複数の場合には、報酬額を分掌事務の内容に応じて適宜の割合で按分する。

出典：東京家庭裁判所

成年後見制度の課題

　法定後見制度を利用するためには家庭裁判所の審判を受ける必要があるため、利用者にとっては、容易に踏み切れない性質のものかもしれません。また、法定後見制度は、見方を変えれば、自身の責任において自由に契約をする本人の権利を制限する側面をもっているといえます。そのため、成年後見人等の役割やその

必要性、あるいは制度利用にかかる費用、欠格条項等、法定後見制度が本人の暮らしや生き方に果たす役割の観点から説明が行われていくことが重要となります。

特に、保佐や補助類型の方は、申立てや代理権、同意・取消権の設定の際に本人同意が必要となる場合があるため、本人自身がある程度制度を理解し、制度の利用に納得していることが必要です。本人の人生で大切な財産管理や医療・介護サービスを寄り添う形で支援してくれる人を、裁判所という権威ある機関に決めてもらえるというメリットを、本人にわかりやすい言葉で説明していきましょう。

ケアマネジャー自身が制度について手続きも含めて理解し説明できることが理想ですが、それが難しい場合は成年後見センターや地域包括支援センター等につなぎ、説明をしてもらいましょう。

- □ 成年後見制度のおおまかな目的や内容について理解していますか?
- □ 成年後見制度の利用が想定されている対象や問題ついて理解していますか?
- □ 利用者や家族に、制度の概要や手続きなどを十分に説明ができない場合は、成年後見センターや地域包括支援センター等につなぎ、説明をしてもらいましょう。

05 成年後見人等との連携

POINT
サービス担当者会議などの場で
成年後見人等と本人にかかわる
チームメンバーとの顔合わせを行い、
それぞれの役割を理解して、連携していきましょう。

事例

　Aさん（83歳、男性、要介護1、アルツハイマー型認知症）は、一人暮らしをしていましたが、徐々に日常生活上の行為が十分にできなくなってきました。そこで法定後見制度を申請し、近県に住む長女が保佐人になり支援を受けながら暮らしていました。
　あるときホームヘルパーが部屋に入ると、高額な健康食品が大量に届いていました。連絡を受けたケアマネジャーが本人に聞いても、何をどのように買ったのかよく覚えていないと言います。ケアマネジャーは長女に連絡し、状況を話して、長女から販売業者に連絡し、契約の取り消しを行いました。

成年後見人との連携

　ケアマネジャーにとって、成年後見人等は判断能力の低下した利用者の権利を普段から守ってくれる重要なキーパーソンになります。ケアマネジャーは、成年後見人等と、本人の今後の生活をどのようにしていくかを相談し合いながら、財産管理は成年後見人等に、ケアマネジャーはサービスの調整に専念するといった役割分担をしていくことが重要になります。
　成年後見人等が就任した場合、サービス担当者会議に参加してもらうなどの働

きかけを行い、チームメンバーとの顔合わせやそれぞれの役割を理解してもらうようにしておきましょう。また、本人の日常生活の様子を理解してもらえるよう情報の提供を行いましょう。

成年後見人等の職務

後見人等の職務は大きく分けて、財産管理と身上監護の2つがあります。

財産管理

財産管理は、印鑑や貯金通帳の保管・管理、不動産の維持・管理（固定資産税の支払を含む）、保険金や年金などの受領、必要な経費（公共料金など）の支出、生活資金捻出のための動産及び不動産の処分、「遺産分割協議」「遺留分減殺請求」など財産管理に関する法律行為となります。

身上監護

身上監護は、医療に関する事項(診療契約、入院契約、医療費の支払等)、住居の確保に関する事項（賃貸借契約、賃料の支払等）、介護・生活維持に関する事項（介護契約、生活保護申請、利用料支払等）施設の入退所及び処遇の監視・異議申立てなどに関する事項（施設契約、施設費支払等）等の法律行為となります。

成年後見人等は、これらの事項に関して、契約を結んだり、契約の内容が確実に実行されているかを監視したり、場合によっては契約相手に対して改善を求めることになります。また、契約内容に基づいて費用を支払うことも成年後見人等の職務になります。さらに、必要な場合には、生活保護の申請をしたり、介護保険における要介護認定に対する異議申立てを行うなどの、公法上の行為も成年後

図表4-10 成年後見人等の職務

財産管理	身上監護
・現金、預貯金、不動産等の管理	・医療に関する契約
・収入、支出の管理	・施設への入所契約
・有価証券等の金融商品の管理	・介護に関する契約
・税務処理（確定申告、納税など）	・生活、療養看護に関する契約

見人等の職務です。

成年後見人が行えないこと

一方、成年後見人等には、広範な代理権と取消権が与えられますが、成年後見人等が行うことができない仕事は、❶身体の強制を伴う行為(監禁など)、❷婚姻、離婚、養子縁組、臓器移植など、❸手術や麻酔注射などの医療行為の同意、❹身元保証人や連帯保証人になること、❺親族が関与しない場合を除き、死後、火葬や埋葬を行うこと、❻居住用不動産の処分などです。その他、事実上の介護は業務に含まれません。

また、被後見人所有の居住用不動産(被後見人が現に居住している住居または将来被後見人が帰住する際の住居)について、売却・賃貸・増改築・抵当権設定などを行う場合には、必ず家庭裁判所の事前許可が必要となります。

成年後見人等との連携のポイント

成年後見人等は、本人の意思や意向を確認しながら、本人の健康・医療・認知機能等、また支援体制やサービス利用の状況、費用面の負担状況等を確認し、法

律行為を適切に行っていきます。ケアマネジャーとしても、定期的なケアプランの見直しや、利用者の体調の変化等について報告し、成年後見人等が、それらの行為が適切であったかどうかの評価を行っていくための情報提供を行っていきましょう。こうした日々の連携を行っていくためには、先述のようにサービス担当者会議でしっかりと情報共有の仕方を確認しておきましょう。

　成年後見人等がかかわる段階で、すでに在宅生活を継続していくうえでさまざまなリスクが発生している場合、そのリスクと想定される対応のあり方を共有するなかで、連絡のタイミングや方法（緊急時の連絡先の確認等）などについても詰めておきましょう。例えば、入院の手続きや保証金などは成年後見人等の役割です。本人の入院や施設入所等の可能性が高い場合は、適切に後見業務が行われるよう日々の情報の共有化を図りながら関係づくりを行っていきましょう。在宅生活を継続していくうえでは、そうした大きな契約等の判断だけでなく、ちょっとした家の修理や家電の購入など、細々とした判断や意思決定が連続しています。そうした判断や決定について、成年後見人等との連携が必要と感じた際にすぐに連携ができるよう、まめに顔を合わせるなどの工夫をしていきましょう。

チェック

- □ 成年後見人等と、本人の今後の生活をどのようにしていくかということについて相談しますか？
- □ サービスの調整というケアマネジャーの役割をふまえ、成年後見人等との役割分担を行っていますか？
- □ 成年後見等とチームメンバーとの顔合わせや、生活上の課題やリスクの共有化、さらにそれらの課題・リスクに対するそれぞれの役割を理解してもらうようにしていますか？
- □ 成年後見人等の業務に必要となる、本人の日常生活の様子を理解してもらえるような情報の提供を行っていますか？

06 消費者トラブル・被害への対応

> **POINT**
> 消費者トラブルに対応する制度・仕組みの
> おおまかな概要を把握して、
> 消費生活センターなどへ適切につなぎましょう。

事例

　Aさんは、隣町に住む娘の支援を受けながら一人暮らしを続けていました。

　自宅に1人でいるとき、高額な健康食品を勧める電話がかかってきました。Aさんは、その勧誘にのって商品を買ってしまいました。後日、業者から届いた契約書に娘が気づき、Aさんを問い詰めたところ、言われるがままに、そのときはいいかと思って買ってしまったと告白しました。

　取り消したいが、どうしたらいいかわからないと娘からケアマネジャーに連絡がありました。ケアマネジャーはすぐに消費生活センターに相談するように勧めました。幸いクーリング・オフが適用される期間であったため、手続きを行い解約できたと報告がありました。

消費者を救済する制度や法律

　独居高齢者や高齢者のみ世帯、認知症の高齢者のさらなる増加が予想されています。一人暮らしによる寂しさや、判断能力の低下、さらにはそうした高齢者を標的にした悪徳な業者の存在により、高齢者は対等で適切な契約を行えず、被害にあってしまうことも少なくありません。こうした相談を受ける機会も珍しいことではないでしょう。

　しかし、一般にある業者からものを購入する行為は、売り手側と買い手側の契

約が成立したということで、一定の理由がないかぎりその契約をなかったことにすることはできません。この一定の理由のなかには、業者側が約束と違う商品を納入した、あるいはその契約が詐欺や強迫によって行われた、間違って契約をしてしまったなどがあります。

このように業者の言うがままに、あるいはたくみな勧誘にのって契約や高額な商品を購入してしまった場合に消費者を救済する仕組みが、クーリング・オフ制度や消費者契約法になります。

クーリング・オフ制度とは

クーリング・オフとは、頭を冷やしてよく考え直す期間を消費者に与え、一定の期間内であれば消費者が業者との間で締結した契約を、理由を問わず無条件にかつ一方的に申し込みの撤回、または契約の解除ができる制度です。しかも、一切の支払いをせず、契約を解除できるほか、もし支払いが済んでいれば、全額返金してもらうことができます。

ただし、クーリング・オフは適用になる期間が決まっています（図表4-11）。クーリング・オフ期間は、申込書面または契約書面のいずれか早いほうを受け取った日から計算します。書面の記載内容に不備があるときは、所定の期間を過ぎていてもクーリング・オフできる場合があります。また、金融商品や宅地建物の契約等でもクーリング・オフができる取り引きがあります。

ただし、上記の販売方法・取り引きでも条件によってはクーリング・オフできない場合があります。訪問購入の場合、クーリング・オフ期間内は、消費者（売主）は買取業者に対して売却商品の引き渡しを拒むことができます。加えて、法律でクーリング・オフが認められていないものもあります（図表4-12）。例えば、通信販売にはクーリング・オフ制度はありません。

なお、クーリング・オフは書面で行う必要があります。普通ハガキでも可能ですが、相手が悪徳業者の場合や契約金額が高額な場合は、「内容証明」を行うと確実です。「内容証明」とは、一般書留郵便物の差出日付と手紙文の内容を郵便局が公的に証明してくれるサービスです。

図表4-11 特定商取引法におけるクーリング・オフができる取引と期間

取引名	期間
訪問販売（キャッチセールス、アポイントメントセールス等を含む）	8日間
電話勧誘販売	8日間
特定継続的役務提供（エステ、語学教室、学習塾、家庭教師、パソコン教室、結婚相手紹介サービス）	8日間
連鎖販売取引（マルチ商法）	20日間
業務提供誘引販売取引（内職商法、モニター商法等）	20日間
訪問購入（業者が消費者の自宅等を訪ねて、商品の買い取りを行うもの）	8日間

図表4-12 クーリング・オフできない取引（一例）

通信販売
店舗・営業所での契約
（キャッチセールス・アポイントメントセールス、マルチ商法・投資顧問契約を除く）
エステ・語学教室・学習塾・家庭教師・パソコン教室・結婚サービスなど
（5万円以内の契約で、電話勧誘やキャッチセールスではない場合）
雑誌・カタログ等の広告、ネットオークション、インターネット通販など
（自分から電話・郵便・インターネットなどで申し込んだ場合）
健康食品や化粧品、洗剤などの指定消耗品を使用したり、全部または一部を消費した場合
自動車
3,000円未満の現金取引の場合
個人間の取引ではなく、事業者同士の取引
＊業界の自主規制や業者が任意（自主的）にクーリング・オフに応じてくれればクーリング・オフできます。

消費者契約法

　消費者契約法（平成12年5月12日法律第61号）では、業者の不適切な勧誘によって誤認・困惑し、やむなく契約してしまった場合、申し込みや承諾の意思表示を取り消すことができると定めています。労働契約を除外したすべての契約が対象となります。これらは、クーリング・オフ期間が過ぎてしまっていても適用になります。しかしながら、決められた期間が過ぎてしまうと、取消権を主張できなくなるため、注意が必要です。取消権を主張できるのは、追認できる時から6か月、契約締結の時から5年となります。

　契約の取り消しを行うためには、クーリング・オフとは異なり、電話やE-mail

図表4-13 消費者契約法が適用される場合

業者の不適切な勧誘によって、誤認して契約してしまった場合

業者が下記のような不適切な勧誘行為を行い、それによって誤認して申し込んだ場合や、業者の売り込みに承諾してしまった場合、それを取り消すことができます。

不実告知	物品、サービス、権利等の質、用途、内容、値段、取引条件について業者が事実と異なることを告げ、消費者がその告げられた内容が事実であると誤認した場合
断定的判断の提供	物品、サービス、権利等について、将来におけるその価格、消費者が将来受け取る金額など、将来どうなるか分からないことについて、確実でないことを確実であるかのように述べ、消費者が確実であると誤認した場合
不利益事実の不告知	商品、サービス、権利等の質、用途、内容、値段、取引条件、それらに関連することについて、メリットばかりを告げ、デメリットになることをわざと告げず、消費者がそのようなデメリットは存在しないと誤認した場合

業者の不適切な勧誘によって、困惑して契約してしまった場合

業者が下記のような不適切な勧誘行為を行い、それによって困惑して申し込んだ場合や、業者の売り込みに承諾してしまった場合、それを取り消すことができます。

不退去	業者があなたの自宅等で勧誘している場合で、業者に『帰って欲しい』という意思を示しているにもかかわらず、業者が帰ってくれなかった場合
監禁・退去妨害	あなたが「帰りたい」という意思を示しているにもかかわらず、業者が勧誘している場所から帰らせてくれなかった場合
誤認して意思表示をした場合	

参考：独立行政法人国民生活センターホームページ、消費者庁ホームページ

などでも可能ですが、意思表示を相手に確実に伝えるためには、クーリング・オフと同様、「内容証明」で行うことが確実です。

しかし、消費者契約法には、認知症や知的障害により、判断能力がない人を保護する条項がないため、契約解除や無効の申し立てをしても、認知症の場合、誰からどのように買ったのかを思い出せないことから、誤認・困惑であることを被害者側で証明できず、返金されないケースが発生します。このような場合、成年後見人等の申し立ての審判を受けていれば、民法の制限能力者に対する保護を目的として契約を無効にすることも可能です。

制度活用のポイント

　まずはこれらの制度の存在や、仕組みを理解したうえで、相談を受けた場合は情報提供を行い、より専門的な機関である消費生活センターへつなぐか、地域包括支援センターに相談をするようにしましょう。消費生活センターとは、地方公共団体が運営する消費者のための相談業務を行う機関です。規模や体制等は自治体によってさまざまです。名称も消費生活センターのほか、消費者センター、生活科学センター、消費生活相談室などがあります。

　消費生活センターでは、悪質商法による被害や商品事故の苦情などの消費生活に関する相談に応じ、相談内容により問題解決のための助言や各種情報の提供を行います。相談は主に、電話や来所で受け付けており、消費生活専門相談員などの資格をもった相談員が対応しています。相談にあたっては、例えば、商品の購入に関することであれば、購入時の状況（訪問販売にて購入など）、契約日、商品名、金額、購入先、契約書などを控えておくことをお勧めします。

チェック

- □ クーリング・オフ制度、消費者契約法はそれぞれ適用期間が決まっています。相談を受けたらすぐに対応するようにしていますか?
- □ 相談を受けた場合は情報提供を行い、より専門的な機関である消費生活センターや地域包括支援センターなどにつないでいますか?

経済的な支援にかかわる制度・サービス

5

CONTENTS

01 医療費や介護費を補助する制度
02 介護保険負担限度額認定証
03 社会福祉法人等による利用者負担軽減制度
04 生活保護制度の基礎知識
05 生活保護の申請と受給
06 生活困窮者自立支援制度
07 公的年金・医療保険

01 医療費や介護費を補助する制度

> **POINT**
> 高齢者の経済的な背景を理解し、
> 適切な制度につなげていきましょう。

事例

　Aさん（87歳、男性、要介護4）は、脳梗塞が再発し、入院。医療ソーシャルワーカーからの連絡を受けて、退院後の在宅生活を支えるための準備をしてきました。当初はかなりのサービスを入れる計画でしたが、娘からサービスの量を減らしたいという申し出がありました。詳しく聞いてみると、母親も現在入院中で医療費がかかっており、料金の面から難しいということでした。そこでケアマネジャーは、高額介護合算療養費制度について紹介をしました。娘は市役所へ相談に行き、かなりの金額の払い戻しが受けられることが判明しました。

生活課題の背景にある経済的な課題に目を向ける

　収入のほとんどを年金に頼らざるをえない高齢者にとって、医療費や介護保険サービス費の負担は決して楽なものではありません。また、娘や息子からの経済的支援についても、子どもの教育費等にかかる出費を抱えている場合は、多くの期待はできないでしょう。ケアマネジャーが必要と思う介護保険サービスに対して、なかなか家族や本人からの同意が得られないような状況の背景には、このような経済的な要因があるかもしれません。

　経済的な問題は、触れづらい話題であり、ケアマネジャーの立場からの情報収集が難しい内容です。しかしながら、要介護者本人やその家族の生活課題の背景

01 医療費や介護費を補助する制度

5 経済的な支援にかかわる制度・サービス

に、経済的な問題が関与しているかもしれないということは、常に念頭におく必要があります。また、一見経済的に困窮している様子がみられなくても、負担額を軽減できる制度の情報は積極的に提供しましょう。介護サービスや医療サービスにかかった費用が一定の金額を超えた場合に、超えた分の金額が申請によって戻ってくる仕組みがあります。ケアマネジャーは適切な制度利用につなげるとともに、それらの仕組みと連携しながら生活支援の責務を果たしていくことが求められます。

高額介護サービス費

高額介護サービス費とは、介護保険を利用し、自己負担部分の合計の額（1〜3割）が、同じ月に一定の額を超えたときに申請すると払い戻される制度です。上限額は、個人や世帯の所得に対して異なります。なお、この高額介護サービスの対象には、ショートステイの居住費や食費、差額ベッド代、生活費などを含むことはできません。福祉用具の購入費や住宅改修費などについても、高額介護サービス費の支給対象とはなりませんので注意が必要です。

図表5-1 高額介護サービス費支給制度

区分	負担の上限（月額）
現役並み所得者に相当する方がいる世帯の方	44,400円（世帯）[※2]
世帯内のどなたかが市町村民税を課税されている方	44,400円（世帯）[※3]
世帯の全員が市町村民税を課税されていない方	24,600円（世帯）
・前年の合計所得金額と公的年金等収入額の合計が年間80万円以下の方等	24,600円（世帯） 15,000円（個人）[※2]
生活保護を受給している方等	15,000円（個人）

[※2] 「世帯」とは、住民基本台帳上の世帯員で、介護サービスを利用した方全員の負担の合計の上限額を指し、「個人」とは、介護サービスを利用したご本人の負担の上限額を指します。

[※3] 同じ世帯の全ての65歳以上の方（サービスを利用していない方を含む。）の利用者負担割合が1割かつ、世帯が現役並み所得世帯に該当しない場合、該当世帯に年間上限額（446,400円）を設定（2020年7月までの時限措置）。
なお現役並み所得世帯とは、世帯内に課税所得145万円以上の第1号被保険者がいる場合であって、世帯内の第1号被保険者の収入の合計が520万円（世帯内の第1号被保険者が1人のみの場合は383万円）以上である世帯のこと。

参考：厚生労働省周知用リーフレット

高額介護サービス費の利用者負担上限額は、世帯単位でその収入額により段階が設定されています。同じ世帯に複数の利用者がいる場合は、世帯全体の利用者負担額の合計が該当する区分の上額を超えた分が後から支給されます。また、市町村民税非課税世帯の人については、所得に応じて個人単位の上限額が設定されます。

　高額介護サービス費を受けるためには申請を行う必要があります。高額介護サービス費の対象となるサービスを最初に受けてから約3か月後に、市区町村から申請書が届くので、この申請書を使って申請を行い、銀行口座を登録すれば、以後は利用実績に応じて自動的に給付されます。また、申請手続きは1回だけで以降は自動的に行われます。上限額を超えた費用を払い続けているのに申請書が届かない場合は、市区町村の高齢福祉課などに問い合わせをしてみましょう。

高額療養費制度

　医療費とは、保険診療でかかった費用の総額（10割）のことですが、このうち病院や薬局の窓口で支払う金額（医療費の3〜1割）が自己負担額になります。この自己負担額の上限額は、患者の年齢、年間所得の額、外来か入院か、個人で計算するか世帯で計算するか、限度額を超えた月が年間に多数あるかなどによって、細かく決められています。世帯の所得の多い人ほど自己負担は重く設定されています。

　高額療養費制度とは、同一月にかかった医療費の自己負担額が高額になった場合に、一定の金額（自己負担限度額）を超えた分が、あとで払い戻される制度です。1つの医療機関で支払った医療費が自己負担額を超えていなくとも、同じ月の複数の医療機関の自己負担額を合算して上限額を超えれば、高額療養費の支給対象となります。また、同一世帯で、同じ医療保険に加入している家族（被保険者とその被扶養者）の自己負担額を1か月単位で合算する「世帯合算」が可能です。つまり、1人分の窓口負担は超えていなくても、同じ世帯のほかの人が支払った自己負担額も合算できます。また、入院時の食事代や室料差額、保険適用外の診療は、高額療養費の対象とはなりません。

　なお、高額療養費に該当しても、原則、申請しないと戻ってこないので注意が

図表5-2 高額療養費制度

適用区分		70歳以上の場合		69歳以下の場合
		外来（個人ごと）	ひと月の上限額（世帯ごと）	限度額（世帯）
現役並み	年収約1160万円～ 標報83万円以上 課税所得690万円以上	252,600円＋（医療費－842,000）×1％ ＜多数回140,100円[※2]＞		252,600円＋1％ ＜140,100円＞
	年収約770万円～約1160万円 標報53～79万円 課税所得380万円以上	167,400円＋（医療費－558,000）×1％ ＜多数回93,000円[※2]＞		167,400円＋1％ ＜93,000円＞
	年収約370万円～約770万円 標報28～50万円 課税所得145万円以上	80,100円＋（医療費－267,000）×1％ ＜多数回44,400円[※2]＞		80,100円＋1％ ＜44,400円＞
一般	年収156万～約370万円 標報26万円以下 課税所得145万円未満[※1]	18,000円 （年144,000円[※3]）	57,600円 ＜多数回44,400円[※2]＞	57,600円 ＜44,400円＞
低所得者	Ⅱ 住民税非課税世帯	8,000円	24,600円	35,400円 ＜24,600円＞
	Ⅰ 住民税非課税世帯 （年金収入80万円以下など）		15,000円	

※1 世帯収入の合計額が520万円未満（1人世帯の場合は383万円未満）の場合や、「旧ただし書所得」の合計額が210万円以下の場合も含みます。
※2 過去12か月以内に3回以上、上限額に達した場合は、4回目から「多数回」該当となり、上限額が下がります。
※3 1年間のうち一般区分または住民税非課税区分であった月の外来の自己負担額の合計額について、14.4万円の上限を設ける。
出典：厚生労働省保険局

必要です。支給申請は、診療を受けた月の翌月の初日から2年間さかのぼって行うことができます。つまり、申請を忘れていても2年間の間なら間に合います。支給申請は加入している医療保険の窓口になります。

　高額療養費に該当した場合は、おおむね診療月のおよそ3か月後に支給申請書が送付され、申請後、約1か月後に払い戻されます。

限度額適用認定証、標準負担額適用認定証

　高額療養費制度の仕組みは、診療月から払い戻しまでかなりの期間がかかります。そこで、69歳までであれば、あらかじめ「限度額適用認定証」の交付を受け、窓口に提示することで、窓口での1か月分の支払いが自己負担限度額までとなります。70歳～74歳については「高齢受給者証」を提示することで、限度額適用認

図表5-3 限度額適用認定証の区分と種類

70歳未満の方	
所得区分	交付申請できる認定証
上位所得者（※）	限度額適用認定証
住民税課税世帯の方（上位所得者を除く）	限度額適用認定証
住民税非課税世帯の方	限度額適用・標準負担額減額認定証または標準負担額減額認定証

70歳以上の方	
所得区分	交付申請できる認定証
現役並み所得者Ⅲ（※1）	ありません
現役並み所得者Ⅱ（※2）	限度額適用認定証
現役並み所得者Ⅰ（※3）	限度額適用認定証
住民税課税世帯の方（現役並み所得者を除く）	ありません
住民税非課税世帯で適用区分がⅡの方（※4）	限度額適用・標準負担額減額認定証
住民税非課税世帯で適用区分がⅠの方（※5）	限度額適用・標準負担額減額認定証

※1 現役並み所得者Ⅲとは同じ世帯で国民健康保険に加入する70歳以上で課税所得が690万円以上の方がいる世帯の方です。
※2 現役並み所得者Ⅱとは同じ世帯で国民健康保険に加入する70歳以上で課税所得が380万円以上の方がいる世帯の方です。
※3 現役並み所得者Ⅰとは同じ世帯で国民健康保険に加入する70歳以上で課税所得が145万円以上の方がいる世帯の方です。
※4 適用区分Ⅱの方とは、世帯主と国保加入者全員が住民税非課税の世帯に属する方です。
※5 適用区分Ⅰの方とは、世帯主と国保加入者全員が住民税非課税で、かつ各種収入等から必要経費・控除（公的年金等の控除は80万円）を差し引いた所得が0円となる世帯に属する方です。

定証の申請を行わなくとも、高額療養費制度が適用されます（現役並み所得者の場合、70歳未満と同様「限度額適用認定証」の交付が必要になります）。これらの手続きについては保険証の保険者の窓口で行います。

　なお、住民税非課税世帯のうち一定の基準にあてはまる場合は、「限度額適用・標準負担額減額認定証」の申請をすることで、上記に加え入院時の食事代の標準負担額についても減額が受けられます。

高額介護合算療養費制度

　高額介護合算医療費制度とは、世帯内の同一の医療保険の加入者の方について、毎年8月から1年間にかかった医療保険と介護保険の自己負担額を合計し、基準

図表5-4 高額介護合算療養費制度の基準額

	70歳以上[※2]	70歳未満[※2]
課税所得690万円以上	212万円	212万円
課税所得380万円以上	141万円	141万円
課税所得145万円以上	67万円	67万円
健保　標報26万円以下 国保・後期　課税所得145万円未満[※1]	56万円	60万円
市町村民税世帯非課税	31万円	34万円
市町村民税世帯非課税（所得が一定以下）	19万円[※3]	

※1　収入の合計額が520万円未満（1人世帯の場合は383万円未満）の場合及び旧ただし書所得の合計額が210万円以下の場合も含む。
※2　対象世帯に70〜74歳と70歳未満が混在する場合、まず70〜74歳の自己負担合算額に限度額を適用した後、残る負担額と70歳未満の自己負担合算額を合わせた額に限度額を適用する。
※3　介護サービス利用者が世帯内に複数いる場合は31万円。
出典：厚生労働省保険局

額を超えた場合に、その超えた金額が支給される仕組みです。高額療養費制度が「月」単位で負担を軽減するのに対し、この制度は、「月」単位での負担軽減があっても、なお重い負担が残る場合に「年」単位でそれらの負担を軽減する制度です。高額療養費または高額介護サービス費が単独で支給されている場合は、その額が控除されます。介護保険（市区町村）の窓口へ申請手続きを行い、介護保険の「自己負担額証明書の交付」を受け、加入している健康保険の窓口で手続きを行います。

チェック

- □ 高額介護サービス費は、市区町村から届いた申請書で申請を行い、以後は利用実績に合わせて自動的に給付されます。
- □ 高額療養費の申請は2年間さかのぼることができます。同一月の複数の自己負担額を合算したり、「世帯合算」も可能です。
- □ 高額介護合算療養費制度は、介護保険の「自己負担額証明書の交付」を受け、加入している各医療保険の窓口で手続きを行います。

02 介護保険負担限度額認定証

POINT
介護保険の給付対象外となっている食費・居住費(滞在費)の自己負担限度額を減額する制度です。

介護保険負担限度認定証とは

　介護保険施設に入所したり、ショートステイを利用したときの食費と居住費(滞在費)は原則全額自己負担ですが、介護保険負担限度額認定証の交付を受けることにより、所得に応じて利用者負担の限度額が定められ、負担する費用を軽減することができます。

活用のポイント

　認定証を得るには、❶本人及び同一世帯の方すべてが住民税非課税者であること、❷本人の配偶者(別世帯も含む)が住民税非課税者であること、❸預貯金等の金額が、単身者は1,000万円以下、配偶者がいる場合は両者で2,000万円以下であることが条件です。

　対象となる介護保険施設・サービスは、介護老人福祉施設(特別養護老人ホーム)、介護老人保健施設、介護療養型医療施設、介護医療院、短期入所生活介護、短期入所療養介護(ショートステイ)、地域密着型介護老人福祉施設です(グループホーム、有料老人ホームは対象外)。

　申請は市区町村の窓口で行います。その際に、預貯金や有価証券等の確認できるものも一緒に提出します。申請書類は市区町村のホームページからダウンロードできるほか、地域包括支援センターでも受け取れます。負担限度額認定証の期

02 介護保険負担限度額認定証

図表5-5 介護サービス利用時の自己負担額

サービス費用の1割～3割 ＋ 日常生活費（理美容代など）＋ 食費 ＋ 居住費（滞在費）＝ 自己負担額

介護保険負担限度額認定証は、この部分の負担を軽減する制度です。

図表5-6 負担限度額の認定を受けられる方

利用者負担段階	対象者（住民税の課税状況は6月頃発送される介護保険料決定通知書等でご確認ください）
第1段階	・生活保護受給者の方 ・老齢福祉年金受給者で世帯全員が住民税非課税の方
第2段階	世帯員全員及び配偶者（※1）が住民税非課税で、本人の合計所得金額と課税年金収入額と非課税年金収入額（※2）の合計が80万円以下の方で、かつ 本人の預貯金等（表3）が1,000万円以下（配偶者がいる場合は夫婦あわせて2,000万円以下）の方
第3段階	世帯員全員及び配偶者（※1）が住民税非課税で、本人の合計所得金額と課税年金収入額と非課税年金収入額（※2）の合計が80万円を超える方で、かつ 本人の預貯金等（表3）が1,000万円以下（配偶者がいる場合は夫婦あわせて2,000万円以下）の方
第4段階（非該当）	本人が住民税課税となっている方 または　配偶者（※1）が住民税課税となっている方 または　本人が属する世帯の中に住民税課税者がいる方 または　本人の預貯金等（表3）が1,000万円を超える（配偶者がいる場合は夫婦あわせて2,000万円を超える）方

平成28年8月からは、認定者の利用者負担段階の判定において、非課税年金（障害者年金・遺族年金等）を所得として勘案するようになりました。

※1　「配偶者」には,世帯分離をしている配偶者または内縁関係の方を含みます。DV防止法における配偶者からの暴力があった場合や行方不明の場合などは含めません。

※2　非課税年金とは、日本年金機構又は共済組合等から支払われる国民年金、厚生年金、共済年金の各制度に基づく遺族年金・障害年金を指し、具体的には、年金保険者から通知される振込通知書、支払通知書、改定通知書などに「遺族」や「障害」が印字された年金のほか、「寡婦」「かん夫」「母子」「準母子」「遺児」と印字された年金も判定の対象となります。（弔慰金・給付金は、判定の対象となりません。）

間は1年間ですが、1度認定を受けていれば、毎年更新月が近くなると更新のための書類が送付されてきます。

図表5-7 利用者負担段階と負担限度額（1日につき）

利用者負担段階	居住費または滞在費				食費
	従来型個室	多床室	ユニット型個室	ユニット型個室的多床室	
第1段階	490円 (320円)	0円	820円	490円	300円
第2段階	490円 (420円)	370円	820円	490円	390円
第3段階	1,310円 (820円)	370円	1,310円	1,310円	650円
第4段階	負担限度額はありません (金額は施設との契約によります)				

※従来型個室の（　）内の金額は、介護老人福祉施設に入所した場合または短期入所生活介護を利用した場合の額です。

<居室の種類>

ユニット型個室	リビングを併設した約8畳以上の個室
ユニット型個室的多床室	リビングを併設した、固定壁だが天井との隙間がある約6畳以上の個室
従来型個室	リビングを併設しない個室
多床室	定員2人以上の部屋

チェック

- □ 介護保険負担限度額認定証の申請は、市区町村の窓口で行います。
- □ 負担限度額認定証の期間は1年間ですが、1度認定を受けていれば、毎年更新月が近くなると更新のための書類が送付されます。

8050問題

COLUMN 5

経済的な支援にかかわる制度・サービス

　8050（ハチマルゴーマル）問題という言葉を聞いたことはありますか？「8050」とは、80歳代の高齢の親が50歳代のひきこもり状態にある子どもの生活を支え続けることを指します。

　ひきこもりは1980年代〜90年代に若者の問題となっていましたが、親が高齢になるにつれ病気や要介護状態になり、子どもを支えられなくなり、新たな社会問題となってきています。内閣府の推計では40〜64歳の「ひきこもり状態」にある人は全国に61万人と見込まれています。

　こうした家族は地域で孤立していることも多く、介護保険サービスの導入をきっかけにホームヘルパーやケアマネジャーが気づくことも少なくありません。しかし、訪問系のサービスを導入しようとしても、子どもが他人が家に入り込むことにストレスを感じたり、親の年金収入を頼りに暮らしているため、経済的な負担が増える懸念からサービスの利用を拒否する場合などがあります。また、密室化しやすいため虐待に発展するリスクも高いといえます。

　8050問題の背景には長年の家族の関係性があり、簡単に解決できる問題ではありません。ケアマネジャーとしては1人で抱え込まず、地域包括支援センターや市区町村等と協力しながら対応してく必要があります。

03 社会福祉法人等による利用者負担軽減制度

POINT
生活保護の対象ではない方で、
経済的困窮状態から介護サービスの利用が
積極的に行えない場合に活用を検討します。

社会福祉法人等による利用者負担軽減制度とは

　この制度は、低所得で生計が困難な方に対して、介護保険サービスの提供を行う社会福祉法人等が、その社会的な役割をふまえ、介護保険サービスを利用する際に生じる1～3割の利用者負担部分の軽減をすることにより、介護保険サービスの利用促進を図ることを目的とする制度です。

　軽減の程度は、利用者負担の1/4（老齢福祉年金受給者は1/2）を原則とし、申請者の収入や世帯の状況、利用者負担等を総合的に勘案して、市区町村が個別に決定し、確認証に記載するものとされています。

図表5-8 社会福祉法人等による利用者負担軽減制度の対象サービス

訪問介護、通所介護、短期入所生活介護、定期巡回・随時対応型訪問介護看護、夜間対応型訪問介護、地域密着型通所介護、認知症対応型通所介護、小規模多機能型居宅介護、地域密着型介護老人福祉施設入所者生活介護、複合型サービス、介護福祉施設サービス、介護予防短期入所生活介護、介護予防認知症対応型通所介護、介護予防小規模多機能型居宅介護、第一号訪問事業のうち従来の介護予防訪問介護に相当する事業（自己負担割合が保険給付と同様のものに限る）、第一号通所事業のうち従来の介護予防通所介護に相当する事業（自己負担割合が保険給付と同様のものに限る）

03 社会福祉法人等による利用者負担軽減制度

活用のポイント

「生計が困難である」と認められた人や、個室の利用が認められた生活保護受給者が対象になります。実施主体は、市区町村となっています。この軽減事業の実施状況については、市区町村によって異なる場合があるため、利用にあたっては各市区町村の介護保険所管課に相談をしてみましょう。具体的な要件は下記のとおりです。

- ○市町村民税世帯非課税であって、次の要件をすべて満たす方のうち、その方の収入や世帯状況、利用者負担等を総合的に考えて、生計が困難な者として市町村が認めた者
- ○年間収入が単身世帯で150万円、世帯員が1人増えるごとに50万円を加算した額以下であること。
- ○預貯金等の額が単身世帯で350万円、世帯員が1人増えるごとに100万円を加算した額以下であること。
- ○日常生活に供する資産以外に活用できる資産がないこと。
- ○負担能力のある親族等に扶養されていないこと。
- ○介護保険料を滞納していないこと。

利用の際は、原則として、利用者が居住する市町村に申請します。市区町村は、申請者が制度の対象であるか決定したうえで、確認証を交付します。同制度を利用できるサービスは、この制度に申し出を行った社会福祉法人等になります。当該社会福祉法人等以外の事業所からサービスの提供を受けた場合は、この事業による軽減を受けられません。

申し出を行っている社会福祉法人は、確認証を提示した該当サービスの利用者に対して、確認証の内容に基づき利用料の軽減を行うことになります。そのため、該当する社会福祉法人等からサービスを受けるときには確認証の提示が必要になります。軽減の対象となるのは、対象サービスの利用者負担額のみならず、食費、居住費（滞在費）及び宿泊費等も含まれます。

なお、市区町村は、社会福祉法人等が利用者負担を軽減した総額（助成措置のある市区町村を保険者とする利用者負担にかかるものに限る）のうち、軽減を行った社会福祉法人が本来受領するはずだった利用者負担の収入（軽減対象となるものに限る）に対する一定割合を超えた部分に助成を行います。

参考：厚生省通知（平成12年5月1日老発第474号）「低所得者に対する介護保険サービスに係る利用者負担額の軽減制度の実施について」別添2「社会福祉法人等による生計困難者等に対する介護保険サービスに係る利用者負担額軽減制度事業実施要綱」「社会福祉法人による利用者負担軽減事業実施要綱（平成12年4月1日制定福高福第627号）」
「低所得者に対する介護保険サービスに係る利用者負担額の軽減制度の実施について」の一部改正について」（老発0508第1号平成29年5月8日）

チェック

☐ 市区町村によって、低所得で生計が困難と認められた人が対象となります。
☐ 申請は市区町村に行います。
☐ 制度を利用できるサービスは、この制度に申し出を行った社会福祉法人等に限られます。

高齢者の貧困

COLUMN 5
経済的な支援にかかわる制度・サービス

　かつて、介護保険制度が始まったころ、高齢者はある程度経済力があることを前提としていました。しかし現在、高齢者の経済的な貧困が拡大してきているといわれています。

　貧困に陥る人の割合を測る指標である「相対的貧困率」をみると、高齢者の相対的貧困率は上昇傾向にあるとされており、2018年度の国民生活期調査の結果をみると、「各種世帯の生活意識」で高齢者世帯は「やや苦しい」「大変苦しい」を合わせた割合が55.1％で、前年の54.2％から増加しています。

　また、全生活保護受給世帯の中でも65歳以上の「高齢者世帯」の割合はかなり高い状況となっており、年々その数は増え続けているとされています。介護保険制度は低所得者に対してさまざまな配慮がなされていますが、もともとが低所得者を前提とした仕組みでないために、経済的な問題からサービスの利用を差し控えたり、利用料を払えなくなったりといった問題が生じやすくなります。

　ケアマネジャーが向き合う生活課題の背景にこうした経済的課題が存在していることはもはや珍しいことではないにもかかわらず、ケアマネジャー単独での改善や打開は難しいといえます。利用者やその家族の生存権が著しく脅かされることがないよう、必要に応じて市区町村や地域包括支援センターと協議をしながら対応していく必要があります。

04 生活保護制度の基礎知識

> **POINT**
> 生活保護法の目的や内容を理解し、
> 利用者の状態に応じて、
> 制度につなぐことを検討しましょう。

事例

　Aさんは難病の妻（77歳、要介護4）の介護をしています。Aさんと妻は、長年自営業を営んできましたが、5年前に妻の介護を理由に店を閉めました。これまで年金と貯金を切り崩しながら生活をしてきたものの、夫婦2人で受給する年金を合わせても、月数万円程度にしかなりません。訪問看護と医療費の支払いが精一杯で、訪問介護を使いたくても使えず、おむつ交換などの身体介護はAさん1人で何とかやってきました。しかし、Aさん自身も高齢で足腰が弱り、1人での介護は限界に近づいてきています。子どもは息子が1人いましたが、すでに他界しています。息子の妻が緊急の連絡先になっていますが、経済的な支援は受けられそうにありません。こうした現状について相談を受けたケアマネジャーは、生活保護を検討する必要性を感じ、Aさんに伝えてみると、少し前から自分もそう考えていたとお話をされました。

生活保護法とは

　日本国憲法には「すべて国民は、健康で文化的な最低限度の生活を営む権利を有する」（第25条より抜粋）と規定されており、この、いわゆる生存権の保障を国の義務としています。そして、この生存権の保障を背景にした法律が生活保護法になります。

生活保護の原理・原則

　生活保護には、原則と原理があります。原理は、国家責任の原理、無差別平等の原理、最低生活保障の原理、保護の補足性の原理になります。原則は、申請保護の原則、基準及び程度の原則、必要即応の原則、世帯単位の原則となります。

図表5-9 生活保護の原理

国家責任の原理	国家が責任をもって、国民に対して健康で文化的な最低限度の生活水準を保障するという原理
無差別平等の原理	生活保護法の定める要件を満たしていれば、性別、社会的身分、困窮の原因など一切問わず、平等に保護を受ける事ができるという原理
最低生活保障の原理	制度で保障する最低生活を、健康で文化的な生活水準を維持することができるものとして確保する原理
保護の補足性の原理	生活困窮者がもっている資産や能力を最大限活用し、それでも最低限度の生活が営めない場合に、その不足分を補う形で保護を行うという原理

図表5-10 生活保護の原則

申請保護の原則	申請行為を前提としてその権利の実現を図るという原則
基準及び程度の原則	保護の実施は、厚生労働大臣の定める基準により測定した、要保護者の需要を基とし、その不足分を補う程度において行うものとする原則
必要即応の原則	保護は、要保護者の年齢、性別、健康状態など、その個人または世帯の実際の必要の相違を考慮して、有効かつ適切に保護を行うという原則
世帯単位の原則	保護の必要性を判断したり、保護を実施する程度を考える際には世帯単位で考えるという原則

図表5-11 生活保護の種類と支給内容

扶助の種類	生活を営むうえで生じる費用	支給内容
生活扶助	日常生活に必要な費用 （食費・被服費・光熱費等）	基準額は、 （1）食費等の個人的費用 （2）光熱水費等の世帯共通費用を合算して算出 特定の世帯には加算があります （母子加算等）
住宅扶助	アパート等の家賃	定められた範囲内で実費を支給
教育扶助	義務教育を受けるために必要な学用品費	定められた基準額を支給
医療扶助	医療サービスの費用	費用は直接医療機関へ支払い （本人負担なし）
介護扶助	介護サービスの費用	費用は直接介護事業者へ支払い （本人負担なし）
出産扶助	出産費用	定められた範囲内で実費を支給
生業扶助	就労に必要な技能の修得等にかかる費用	定められた範囲内で実費を支給
葬祭扶助	葬祭費用	定められた範囲内で実費を支給

生活保護の種類

　生活保護では、被保護者の実情に応じて8つの種類から扶助が行われます。介護保険料は生活扶助に上乗せされます。さらに介護保険サービスを利用した場合の被保険者の利用者負担1割は介護扶助により負担されます。介護扶助による1割負担部分は「介護券」が発行され、直接事業者に支払われる形になります。

生活保護制度の利用（介護扶助、医療扶助、生活扶助）

　生活保護では、経済的な負担が発生するケースを8種類に分け、それぞれに応じて扶助を支給しています。生活保護の支給の仕方には、「金銭給付（お金で給付）」と、「現物給付（医療や介護のサービスで給付）」の2つがあります。ここではケアマネジャーが取り扱うことの多い介護扶助、医療扶助、生活扶助について説明します。

介護扶助とは

　要介護者及び要支援者が最低限度の生活を維持するための介護や支援が困窮のために受けられない場合に、介護保険サービスの自己負担分が介護扶助費として支給されます（保険料の支払いは生活扶助から支給されます）。なお、介護扶助は現物支給なので、本人にお金を渡してサービス事業所に支払うのではなく、本人を介さずサービス事業所に支払われます。また、介護扶助の支給範囲は限度額分までです。超過した際は、生活扶助で支払われます。

活用のポイント

　介護扶助による居宅介護サービス支援は、居宅サービス計画に基づき行うものに限られます。そのため生活保護を受給中、あるいはこれから申請をする際には、居宅サービス計画書の写しを申請書とともに福祉事務所に提出する必要があります。この際、居宅サービス計画書に記載されている居宅介護サービス事業者が生活保護法による生活保護指定介護機関であること、区分支給限度基準額を超えているサービスがないこと、居宅サービス計画の内容が被保護者の生活実態に見合っており、本人の希望が十分に反映されていることが確認されます。サービス内容の変更、更新の場合は再度提出となります。

　介護扶助が決定すると、福祉用具購入、住宅改修及び移送の場合を除いて、福祉事務所が居宅サービス計画に記載された生活保護指定介護機関あてに、介護の種類等を記載した「生活保護法介護券（介護券）」が送付されます。介護券は1か月を単位として発行されます。ただし、月の途中で開始した場合や中止した場合には、有効期間が記載された介護券が前月末に発行されます。

　ケアマネジャーは、実績報告のときにこの介護券をサービス事業所から実績と共に受け取り、その内容にしたがって給付管理を行います。毎月届く介護券に記載されている公費負担者番号、公費受給者番号、保険者番号、被保険者番号を確認し、給付管理を行い、国保連への請求を行います。その後、国保連からサービス事業所へ、介護保険料の自己負担分が支給されるという仕組みになっています。

　なお、自営業などで国民健康保険に加入している第2号被保険者の場合は、生活保護の受給によって医療保険受給者ではなくなるため、介護保険の被保険者の

資格も失います。こうした40歳以上65歳未満の医療保険未加入者で生活保護を受給しているものを「みなし2号」といい、この場合、介護保険サービスの費用（10割）は、介護扶助として負担されます。

・介護扶助を受給する場合は、居宅サービス計画書の写しを添付する必要があります。
・介護扶助で利用できる介護サービスは生活保護指定介護機関が行うサービスに限定されます。
・介護券は1か月を単位として発行されます。ただし、月の途中で開始した場合や中止した場合には、有効期間が記載された介護券が前月末に発行されます。

医療扶助

　医療扶助とは、被保護者が病気やけがによって、治療や入院、手術等が必要になったときに、診察、投薬、手術、病院や診療所への入院、看護、移送などにかかった費用が支給される仕組みです。医療扶助は被保護者本人には支給されず治療等を行った医療機関に支払われる現物給付の仕組みになります。受診の前に被保護者の申請により、生活保護の担当ケースワーカーから医療券を発行してもらい、その医療券と生活保護受給者証を医療機関に提示することで、費用を支払わず診察や薬の処方を受けることができます。病気の際に役所まで医療券を取りに行くのは難しい場合、担当ケースワーカーに連絡し対応を依頼することも可能です。

生活扶助

　生活扶助はいわゆる1か月の食費や水光熱費といった生活費にあたります。1類と2類に分かれます。1類は食費や衣類をまかなうための費用で、2類は光熱費や日用品費のための費用になります。生活扶助は被保護者の世帯構成や年齢、住所地などさまざまな基準から決まります。基本的に金銭での支給になります。

参考：生活保護法による介護扶助の運営要領について（平成12年3月31日）（社援第825号）（各都道府県知事・各指定都市市長・各中核市市長あて厚生省社会・援護局長通知）
六波羅詩朗、長友祐三『三訂ケアマネ業務のための生活保護Q&A：介護・医療現場で役立つ制度の知識』中央法規出版、2018年

チェック

□ 生活保護の種類と支給内容を把握していますか。
□ ケアマネジャーに特にかかわりの深い「介護扶助」「医療扶助」「生活扶助」について、利用者に説明できるようにしましょう。
□ 実績報告のときに介護券に記載されている公費負担者番号等を確認し、国保連への請求を行います。

05 | 生活保護の申請と受給

> **POINT**
> 生活保護の受給中は、福祉事務所との
> 居宅サービス計画書の共有化や
> 給付管理の際の介護券の処理などが発生します。

生活保護の申請

　生活保護制度を利用するためには、まず、被保護者が福祉事務所や市区町村の行政窓口に行って申請します。原則として世帯全員で申請を行う必要があります。同じ住居に住み、生計を一緒にしている人は同一世帯とみなされます。なお、夫婦で一方が1年以上入院、入所しており、今後もそれが続く場合など、世帯を単位として保護を実施するよりも個人を単位として保護を行った方がよい場合は、個人を世帯から分離して保護を行うこともあります。これを「世帯分離」といいます。

　本人や家族が要介護状態で申請に行けないような状況の場合、窓口に連絡をすると、担当者が家まで来てくれます。この連絡についてはケアマネジャーでも可能です。

　生活保護は、国が定める最低生活費よりも収入が下回っている場合に支給されます。最低生活費は、住所地や世帯員の構成、障害の有無などで決定し、個々人の収入ではなく、世帯単位の原則に基づき、世帯の収入となります。

　生活保護を利用するためには、資産調査が行われます。保護の補足性の原理にあるように、資産や能力を最大限活用し、それでも最低限度の生活が営めない状態にあるか調査されます。そのため、預貯金、生活に利用されていない土地・家屋等があれば売却し、生活費に充てたうえで、かつ最低生活費を下回っていることが必要になります。

図表5-12 生活保護の手続きの流れ

1.事前の相談
　生活保護制度の利用を希望する場合、住所地の地域を所管する福祉事務所の生活保護担当に相談しましょう。生活保護制度の説明や、生活福祉資金、各種社会保障施策等の活用について検討します。

2.保護の申請
　生活保護の申請をした場合、保護の決定のために以下のような調査を実施されます。
・生活状況等を把握するための実地調査（家庭訪問等）
・預貯金、保険、不動産等の資産調査
・扶養義務者による扶養（仕送り等の援助）の可否の調査
・年金等の社会保障給付、就労収入等の調査
・就労の可能性の調査

3.保護費の支給
　厚生労働大臣が定める基準に基づく最低生活費から収入（年金や就労収入等）を引いた額を保護費として毎月支給されます。

ただし、現状の生活に必要不可欠なものについては、その対象にはなりません。加えて、他の制度を活用する道もなく、就労することができない、親族等からの援助を受けることも難しいといったあらゆる努力をしたうえ、最低生活費よりも下回った水準で暮らしていることが要件となります。

生活保護の受給

介護保険サービスを受けている人が生活保護を受給する場合は、居宅サービス計画書の写しを添付する必要があります。さらに実際に利用できるサービスは生活保護法の規定により、生活保護法の指定を受けた指定介護機関が行う介護サービスに限定されます。申請の際には、利用している居宅サービス事業者が生活保護の指定を受けているかを確認しておきましょう。

保護が決定されると、基準に基づいた保護費が毎月支給されます。生活保護の受給中は、毎月の収入状況を報告し、また、年に数回、福祉事務所のケースワーカーが訪問調査を行います。その際、世帯の実態に応じて、就労の可能性のある方については、就労に向けた助言や指導を行います。

この他にも、生活保護を受けた場合は、次のような事項を守っていく必要があります。生活保護を受ける権利を第三者に譲り渡すことはできません。また、受給中は、生活の維持・向上に努め、能力に応じて勤労し、支出の制約を図りつつ、生計の状況に変動があった場合は速やかに保護の実施機関は福祉事務所長に届け出なければなりません。加えて、保護の実施機関が、被保護者を救護施設などの施設に入所させることを決定した場合や、その他必要な指導・支持をした場合はそれに従わなければなりません。

ケースワーカーとの連携

ケアマネジャーは利用者の状況によっては、介護保険サービスの利用に関する部分だけではなく、暮らしにかかわるさまざまな部分に関与していくことが求められる場合があります。特に生活保護を受けざるを得ないような利用者は、社会的に孤立していたり、精神的な疾患があり日常生活をおくるうえで支援が必要と

なっている場合が多いと思われます。そのため、ケアマネジャーはさまざまな生活場面において金銭的な問題が発生した場合、ケースワーカーと連携しながら暮らしに大きな支障が出ないようにしていくことが必要になります。

　ケースワーカーとの連携は、例えば介護扶助を受けて介護保険サービスを使う際に居宅サービス計画書を共有していくことになります。また、住宅扶助を受けている場合、基本的に家賃は直接大家や管理会社に支払われないため、歩行機能の低下から外出が難しくなっていたり、認知症等によって手続きできず滞納になるなどのリスクが考えられます。このような場合は、支払い方法についてケースワーカーに相談をする必要があります。通院や入院が必要になった場合は、利用者が受診を希望する医療機関が生活保護者の診察を受けつけているかどうか、ケースワーカーに確認しておくなどの連携が必要になります。

チェック

- □ 生活保護制度は、福祉事務所や市区町村の行政窓口に行って利用の申請を行います。
- □ 原則として世帯全員で申請を行います。
- □ 生活保護を利用する際は、資産調査が行われます。

06 生活困窮者自立支援制度

POINT
生活保護の水準には至らずとも、経済的な困窮状態におかれている世帯への対策として、生活困窮者自立支援制度の内容を把握しておきましょう。

生活困窮者自立支援法成立の背景

　働きたくても働けない、住むところがない、生活に困っているなど、高齢者に限らずこうした状態におかれている世帯は少なくありません。昨今のこうした「現在生活保護を受給していないが、生活保護に至る可能性のある者」の増加を背景として、2015年に生活困窮者自立支援法が成立しました。

　ケアマネジャーがケアマネジメントを行ううえで、サービスを導入したくても経済的な理由からあきらめざるを得ないケースは珍しいことではありません。こうした高齢者の経済問題の背景の1つに、それを介護する子ども世代の貧困の問題も関係していることがあります。例えば、同居家族が稼働年齢層にもかかわらず就労せずひきこもっていたり、親の年金を頼りに未婚の子どもが同居している事例も散見されます（8050問題）。生活困窮者自立支援制度にケアマネジャーが直接かかわることは多いとはいえませんが、生活が困窮する背景に上記のような問題があり、それを解決することで高齢者の生活も安定することを理解しましょう。

生活困窮者自立支援制度とは

　生活困窮者自立支援制度は、経済的に困窮し、最低限度の生活を維持することができなくなるおそれのある人（生活困窮者）に対して、自立の促進を図るための制度です。昨今の、多様で複合的な生活困窮者の課題に対し、包括的な支援を行うことを目的としています。

　この法律で生活困窮者とは「現に経済的に困窮し、最低限度の生活を維持することができなくなるおそれのある者」とされているのみですが、厚生労働省の自治体向けガイドラインによれば、自立支援法の主な対象者とは、「現在生活保護を受給していないが、生活保護に至る可能性のある者で、自立が見込まれている者」とされています。

　制度の利用は、各自治体で定めた相談窓口への電話・来所の他、他機関からの紹介によるアウトリーチにより、包括的な相談を受けるところから始まります。その後、本人の同意のもと支援が始まることになると、専門の相談支援員と生活の状況等を共有し、課題を整理したうえで、本人との協働により支援プランを作成していきます。プランに沿って、関係機関と連携を取りながら支援を行います。定期的にプランの見直しや、課題解決に向かっているかの確認を行っていきます。

　昨今では、地域包括支援センターにもち込まれる事例のなかに、前述のような稼働年齢にあるにもかかわらず子どもが働いておらず親の年金で生活しているケースなどがある状況から、自立相談支援事業を行う者（自立相談支援機関）と地域包括支援センターなどの関係機関との連携体制が構築されている場合もあります。

　具体的な事業は、福祉事務所を設置している自治体（社会福祉協議会や社会福祉法人、NPO等への委託も可能）が、就労やその他自立に関する相談支援や、事業利用のためのプラン作成等を行う自立相談支援事業が必須とされ、その他、就労のための訓練を行う就労準備支援事業、住宅確保のための金銭を給付する生活困窮者居住確保給付金等の事業があります。

図表5-13 生活困窮者自立支援制度の主な支援内容

■：全自治体で提供されています　　■：自治体によっては提供されていないところもあります

自立相談支援事業
個別の支援プランを作ります
生活に困りごとや不安を抱えている場合は、まずは地域の相談窓口に相談します。支援員が相談を受けて、どのような支援が必要かを本人と一緒に考え、具体的な支援プランを作成し、寄り添いながら自立に向けた支援を行います。

住居確保給付金の支給
家賃相当額を支給します
離職などにより住居を失った方、または失うおそれの高い方には、就職に向けた活動をすることなどを条件に、一定期間、家賃相当額を支給します。生活の土台となる住居を整えた上で、就職に向けた支援を行います。

一時生活支援事業
住居を失い路上生活やネットカフェ宿泊を続けている人に、緊急的に一定期間、宿泊の場所や衣食を提供します。その後の生活に向けて、就労支援などのサポートを行います。
※試算収入要件あり

就労準備支援事業
社会、就労への第一歩
「社会とのかかわりに不安がある」、「他の人とコミュニケーションがうまくとれない」など、ただちに就労が困難な方に6か月から1年の間、プログラムにそって、一般就労に向けた基礎能力を養いながら就労に向けた支援や就労機会の提供を行います。

就労支援事業
仕事を探している人に、履歴書作成や面接の受け方等の相談・助言を行うとともに、ハローワーク等との連携により職業紹介を行います。

認定就労訓練事業
柔軟な働き方による就労の場の提供
ただちに一般就労することが難しい方のために、その方に合った作業機会を提供しながら、個別の就労支援プログラムに基づき、一般就労に向けた支援を中・長期的に実施する、就労訓練事業（いわゆる「中間的就労」）もあります。

家計改善支援事業
家計の立て直しをアドバイス
家計状況の「見える化」と根本的な課題を把握し、相談者が自ら家計を管理できるように、状況に応じた支援計画の作成、相談支援、関係機関へのつなぎ、必要に応じて貸付のあっせん等を行い、早期の生活再生を支援します。

子どもの学習・生活支援事業
子どもの明るい未来をサポート
子どもの学習支援を始め、日常的な生活習慣、仲間と出会い活動ができる居場所づくり、進学に関する支援、高校進学者の中退防止に関する支援等、子どもと保護者の双方に必要な支援を行います。

※住居をもたない方、またはネットカフェ等の不安定な住居形態にある方に、一定期間、宿泊場所や衣食を提供します。あわせて、退所後の生活に向けて、就労支援などの自立支援も行う「一時生活支援事業」もあります。
※「住居確保給付金の支給」、「一時生活支援事業」、「就労準備支援事業」については、一定の資産収入に関する要件を満たしている方が対象です。
※各事業のほか、関係機関等と連携し、適切な支援機関にもつなぎます。

参考：厚生労働省制度紹介リーフレット

06 生活困窮者自立支援制度

図表5-14 相談から支援までの流れ

＜相談から支援までの流れ（相談無料・秘密厳守）＞

❶まずは地域の相談窓口へ
各自治体の窓口に配置されている支援員が応対します。なんらかの理由で窓口に行けない場合は支援員が自宅に訪問します。

❷生活の状況を見つめる
本人の生活の困りごとや不安を支援員と話し合います。生活の状況と課題を分析し「自立」に向けて寄り添いながら支援を行います。

❸その人のための支援プランを
支援員は本人の意思を尊重しながら、自立に向けた目標や支援内容を一緒に考え、その人のための支援プランを一緒に作ります。

❹支援決定・サービス提供
完成した支援プランは自治体を交えた関係者の話し合い（支援調整会議）により正式に決定され、その支援プランに基づいて各種サービスが提供されます。

❺定期的なモニタリング
各種サービスの提供がゴールではありません。本人の状態や支援の提供状況を支援員が定期的に確認し、支援プラン通りにいかない場合はプランを再検討します。

❻真に安定した生活へ
本人の困り事が解決されると支援は終了しますが、安定した生活を維持できているか、一定期間、支援員によるフォローアップがなされます。

参考：厚生労働省制度紹介リーフレット

5 経済的な支援にかかわる制度・サービス

チェック

- [ ] 生活困窮者自立支援法は、経済的に困窮し、最低限度の生活を維持することができなくなるおそれのある人（生活困窮者）に対して、自立の促進を図るための制度です。
- [ ] 事業内容は、就労やその他自立に関する相談支援、「住居確保給付金」（有期）の支給などがあります。

07 公的年金・医療保険

> **POINT**
> 年金や医療保険は介護保険制度と同様、
> 社会保険の仕組みの1つです。
> 基本的な仕組みを理解し、制度改正等の
> 動きを押さえておきましょう。

　私たちの人生には、病気や介護、配偶者の死亡など、多くの人にとって共通するさまざまなリスクが存在します。社会保険とは、そうした誰しも起こりうるリスクに備えて、社会全体であらかじめ保険料を払っておき、いざそうした状況になっても金銭などの給付により困らないようにしておく仕組みです。生活保護制度が貧困状態になった際に使う制度だとすれば、こうした社会保険は貧困に陥ることを防ぐための仕組みということになります。

公的年金制度

　日本の公的年金は、日本に住む20歳以上60歳未満のすべての人(外国人も含む)が加入する基礎年金と、それに加えて会社員・公務員などの被用者が加入する厚生年金の2階建ての構造になっています。
　公的年金制度には「老齢給付」、「障害給付」、「遺族給付」の3つの給付があります。2つ以上の年金の対象になった場合にはいずれか1つの年金を選択することになります。

老齢年金

　国民年金の保険料を10年以上納めたなどの条件を満たしたうえで、原則65歳になった場合、国民年金から1階部分の老齢基礎年金を受けることができます。加

07 公的年金・医療保険

図表5-15 年金制度の体系

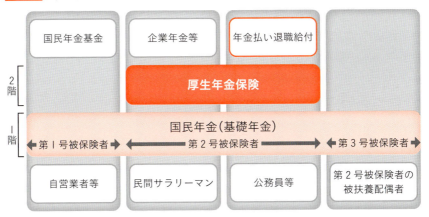

図表5-16 公的年金制度の3つの給付

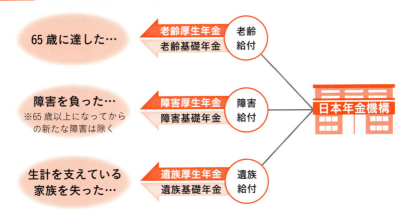

えて2階部分の厚生年金に加入していた場合は、老齢厚生年金が上乗せされます。

障害年金

国民年金加入中に初診日のある病気やけがにより、障害等級1級または2級に該当する障害を負い、その状態が続いている場合に、国民年金から障害基礎年金を受けることができます。加えて厚生年金に加入していた場合は、障害厚生年金が上乗せされます。

遺族年金

　国民年金加入中の人が亡くなった場合は、その人に生計を維持されていた18歳到達年度の末日までの間にある子（障害者は20歳未満）のある配偶者または子は、国民年金から遺族基礎年金を受けることができます。加えて厚生年金に加入していた場合は、その人に生計を維持されていた遺族（優先順位あり）に、遺族厚生年金が上乗せされます。

　この他の年金制度として、加入者が毎月掛け金を積み立て運用することで受けると確定拠出年金や企業が独自に行う企業年金、個人が積み立てる個人年金などがあります。

公的医療保険制度

　日本は国民皆保険の仕組みをとっています。つまり、国民全員がなんらかの公的医療保険に加入しています。公的医療保険がカバーするリスクは、病気やけがに伴い必要となる医療サービスにかかる費用負担になります。公的医療保険に加入することによって保険の対象となる医療サービスについては低い負担割合で受けることができるようになります。

　公的医療保険は会社員が加入する健康保険や公務員が加入する共済保険などの被用者保険と、自営業者や被用者保険の退職者などを対象とした国民健康保険があります。主に75歳以上になると自動的に加入する後期高齢者医療制度に大別されます。

　医療保険の負担割合は原則3割となっていますが、70歳以上になると窓口負担が現役並みの所得者を除き、3割から2割に軽減されます。また、75歳以上になり自動的に後期高齢者医療制度に加入すると、現役並みの所得者を除き、1割に軽減されます。

図表5-17 公的医療保険制度の体系

制度		被保険者		保険者	給付事由
医療保険	健康保険	一般	健康保険の適用事業所で働くサラリーマン・OL（民間会社の勤労者）	全国健康保険協会、健康保険組合	業務外の病気・けが、出産、死亡
		法第3条第2項の規定による被保険者	健康保険の適用事業所に臨時に使用される人や季節的事業に従事する人等（一定期間をこえて使用される人を除く）	全国健康保険協会	
	船員保険（疾病部門）	船員として船舶所有者に使用される人		全国健康保険協会	
	共済組合（短期給付）	国家公務員、地方公務員、私学の教職員		各種共済組合	病気・けが、出産、死亡
	国民健康保険	健康保険・船員保険・共済組合等に加入している勤労者以外の一般住民		市（区）町村	
退職者医療	国民健康保険	厚生年金保険など被用者年金に一定期間加入し、老齢年金給付を受けている65歳未満等の人		市（区）町村	病気・けが
高齢者医療	後期高齢者医療制度	75歳以上の人及び65歳～74歳で一定の障害の状態にあることにつき後期高齢者医療広域連合の認定を受けた人		後期高齢者医療広域連合	病気・けが

出典：全国健康保険協会ホームページ「医療保険制度の体系」

07 公的年金・医療保険

5 経済的な支援にかかわる制度・サービス

チェック

□ 公的年金は、日本に住む20歳以上60歳未満のすべての人（外国人も含む）が加入する基礎年金と、会社員・公務員などの被用者が加入する厚生年金の2階建ての構造になっています。

□ 公的年金がカバーするリスクは老齢、障害、遺族の3つになります。2つ以上の年金の対象になった場合は、原則どれか1つの年金を選択します。

認知症の人や障害者を支える制度・サービス

CONTENTS

01 認知症の人の暮らしを支える❶居宅生活を支える資源
02 認知症の人の暮らしを支える❷病気の治療や入院を支える資源
03 認知症の人の暮らしを支える❸早期発見・早期診断を支える資源
04 障害者総合支援法の理解と活用
05 障害福祉サービスと介護保険サービスの適用関係
06 相談支援事業─相談支援専門員との連携

01 認知症の人の暮らしを支える❶
居宅生活を支える資源

> **POINT**
> 認知症施策推進大綱や認知症ケアパス、認知症カフェなど、認知症の人を支えるさまざまな社会資源を活用しましょう。

認知症の人を取り巻く状況

　現在、国が進めている「認知症施策推進大綱」では、認知症の発症を遅らせ、認知症になって生活上の困難が生じた場合でも、重症化を予防しつつ、周囲や地域の理解と協力のもと、本人が希望をもって前を向き、力を活かしていくことで極力それを減らし、住み慣れた地域の中で尊厳が守られ、自分らしく暮らし続けることができる社会が目指されています。

　認知症の人の地域生活を支えていくためには、認知症の容態の変化に応じて医療・介護等が有機的に連携し、適時、適切に切れ目なく提供される仕組みづくりが必要になります。また、認知症の人の状態は日々の暮らしのありようと大きな関係性があります。認知症になっても、周囲の人の支えで、いきいきと暮らすことで状態が安定し、本人も周囲の人も前向きに暮らせる事例がたくさん報告されるようになりました。このいきいきとした暮らしは、介護保険サービスのようなフォーマルな社会資源のみならず、普段立ち寄るお店の人、なじみの近所の人や

図表6-1 認知症施策推進大綱の5つの柱

1　普及啓発・本人発信支援
2　予防
3　医療・ケア・介護サービス・介護者への支援
4　認知症バリアフリーの推進・若年性認知症の人への支援・社会参加支援
5　研究開発・産業促進・国際展開

友人、散歩のときに立ち寄る大切な場所など、認知症の人にとって大切なものとのつながりのなかで営まれています。本人の視点にたって、医療と介護、そして本人を取り巻くさまざまな社会資源が最適な状態になるよう調整する役割がケアマネジメントに求められます。

認知症の人を支える人や場

若年性認知症支援コーディネーター

　65歳未満で発症した認知症のことを若年性認知症といいます。高齢期の認知症とは異なり、若年性認知症は仕事・家事・子育てのキーパーソン世代に発症するため、仕事や子育てに大きな影響を及ぼします。そこで、若年性認知症の人が適切な環境で生活できるよう、医療機関や介護保険制度のみならず、雇用、障害者福祉などのさまざまな既存の制度の活用とそれらの間の緊密な連携ができるよう、都道府県ごとに本人や家族からの相談に対応する窓口を設置し、そこに若年性認知症の人の自立支援にかかわる関係者のネットワークの調整役を配置することで、都道府県レベルの若年性認知症の人の視点に立った支援の拡充を図るとともに、身近な地域である市町村レベルでの支援の充実を進めています。この調整役となるのが、若年性認知症支援コーディネーターです。

認知症地域支援推進員

　認知症地域支援推進員は、各市区町村の庁舎や地域包括支援センター等に配置されており、認知症ケアパス（状態に応じた適切な医療や介護サービス等の提供の流れ）の作成・普及や、「認知症初期集中支援チーム」との連携等による必要なサービスが認知症の人や家族に提供されるための調整、認知症の人が認知症の容態に応じて必要な医療や介護等のサービスを受けられるよう関係機関との連携体制の構築、認知症カフェの開設や運営の支援など、認知症になっても自分らしく暮らし続けることができる地域社会の実現に向けた体制づくりを行っています。

参考：平成27年度認知症介護研究報告書＜若年性認知症の人に対する支援コーディネーターのあり方に関する調査研究事業・若年性認知症支援コーディネーター配置のための手引書＞若年性認知症支援コーディネーター配置のための手引書

認知症カフェ

　認知症の人と家族、地域の人、専門職が集う場であり、2012年に発表された「認知症施策推進 5か年戦略（オレンジプラン）」からモデル事業で実施されたことを契機に、増え続けている場所が「認知症カフェ」です。

　認知症カフェの運営主体は多様で、地域包括支援センター、キャラバンメイトや認知症サポーター等のボランティア団体などによって行われています。場所も多様で、デイサービスやコミュニティセンターなどを会場にして開催されています。参加費用は、多くは無料であったりお茶代等の実費で利用可能です。認知症カフェはカフェタイムやアクティビティを通した参加者間の交流や、講座による認知症についての学びの場、相談会による家族支援・介護負担軽減や、情報交換などの場として実施されています。開催頻度や開催時間もそれぞれで、月1回2時間程度で開催しているカフェが多いとされています。

　認知症カフェは、介護保険サービスのような専門的なケアを受けられるわけではありませんが、認知症の当事者同士が集まり、そこに介護家族者、専門職、地域の人々が加わるなかで、みんなで認知症に向き合う場所になっています。認知症カフェでは、認知症の人への配慮のもと、ゆっくり話をしたり、共に認知症について学んだりしながら、参加者と共に時間を過ごすことができる場になります。上述のように、各認知症カフェの目的や内容は多様ですから、どのような内容で行っているか、どのような参加者なのかなど、事前に見学して確認をしておくことで利用者や家族に紹介する際の有用な情報を得ることができます。

　認知症カフェは、家族や専門職に勧められて、仕方なしに行く場所ではありません。利用者にとって、居心地よくいられる場所であることが大切です。認知症があまり進んでいない状況でつながることで、閉じこもりを防ぐこともできますし、すでに自宅に閉じこもりがちな利用者の場合、家族と一緒に参加してみるなど外に出るきっかけとすることができるかもしれません。

参考：平成28年度老人保健事業 推進費等補助金（老人保健 健康増進等事業）報告書「認知症カフェの実態に関する調査研究事業 報告書」社会福祉法人東北福祉会認知症介護研究・研修仙台センター, 2017年
　　　平成28年度老人保健事業推進費等補助金（老人保健健康増進等事業）認知症カフェの実態に関する調査研究事業「認知症カフェの活用と認とも　はじめの一歩　事例集」認知症介護研究・研修仙台センター, 2017年

家族会

　家族会では、現在介護をしている、あるいは介護を終えた家族介護者が集まり、介護の体験を共有したり、情報交換を行っています。家族会は地域包括支援センター、社会福祉法人などが行っている場合や、NPO団体などが行っているものなど多様です。家族会に参加することで介護の大変さを共有し、ストレスを軽減したり、介護に関するさまざまな情報を得ることが可能になり、家族のエンパワメントにつなげていくことができます。あまり介護が大変にならないうちにつなぐことで、大変な時期に備えることが可能になります。

認知症サポーター

　認知症サポーターは、認知症に対する正しい知識と理解をもち、地域で認知症の人やその家族に対して、できる範囲で手助けする認知症高齢者等にやさしい地域づくりに取り組む「認知症の人の応援者」です。認知症サポーター養成講座を受講した地域住民、金融機関やスーパーマーケットの従業員、行政職員、小、中、高等学校の生徒など、あらゆる人が認知症サポーターになっています。養成講座を受けると、その証としてオレンジリングがもらえます。
　さまざまな人が認知症サポーターであれば、認知症の人の生活をより暮らしやすくするための協力が得られやすくなります。また、介護者のなかでも認知症に関する知識が乏しく、介護に困難を抱えている場合に、認知症サポーター養成講座を受けることで、認知症のことを知るきっかけとしていくような活用方法も考えられます。

ピアサポート

　当事者同士が集まり、情報交換やさまざまな活動を行っているグループが地域にある場合があります。こうしたグループは認知症だけでなく、視覚や聴覚の障害、あるいは難病などのグループが形成されていることもあります。いずれにしろ、生活していくうえでの工夫や医療、介護に関する情報を交換したりするなど、その活動は多種多様です。同じ困難さを抱える者同士だからこその癒しや共感を得ることができ、生活に前向きになっていく効果が期待できます。自発的なグループもあれば、行政や地域包括支援センター等が支援をしている場合もあります。

\チェック/　□ 介護保険サービスだけでなく、認知症施策推進大綱をはじめとした国の認知症施策を理解し、認知症の人を支える専門職や場を活用していきましょう。

認知症ケアパス　COLUMN

　昨今の認知症施策で重視されていることに、「認知症の状態に応じた適切なサービス提供の流れ」があります。これはいわゆる「認知症ケアパス」と呼ばれ、各市町村ごとに地域にある社会資源を認知症の状態、すなわち発症から症状多発期、重度期といった経過に沿って利用の流れを整理したものです。それぞれの認知症の状態に応じて、介護保険サービスや医療サービス、その他の社会資源が配置されています。ケアマネジメントにおいても認知症ケアパスをふまえることで、当該地域で認知症の人の暮らしを支えていく社会資源の活用や連携の道筋を見出すことが可能になります。

　認知症の人の支援においては、特に介護と医療の連携が大切になります。そもそも認知症とはアルツハイマー病に代表される疾患から生じており、その治療は日々進歩しています。それに加えて認知症の人の多くが高齢者

01 認知症の人の暮らしを支える❶居宅生活を支える資源

のため、認知症以外の疾患もあるということです。以上から医療の視点を抜きにして認知症の人の支援は成り立ちません。

図表6-2 認知症ケアパスの一例

	元気	認知症の疑い【予防編】	日常生活自立【自立編】	誰かの見守りがあれば日常生活自立【見守り編】	日常生活に手助け、介護が必要【手助け編】	常に介護が必要【心配編】
仕事・役割	地域ボランティア　シルバー人材センター				自宅、地域での役割をもつ	
	NPO法人など有償ボランティア					
介護予防・悪化予防	総合事業ホームヘルプサービス　生活支援ホームヘルプサービス　総合事業デイサービス					
	老人クラブ　ふれあい・いきいきサロン					
	健康教室　口腔ケア教室　認知症予防教室					
	認知症カフェ					
相談	市役所・市民センター　保健所（健康相談（認知症相談、栄養相談））　介護保険課（認知症地域支援推進員、認知症相談会）					
	地域包括支援センター　地域相談センター					
	居宅介護支援事業所（ケアマネジャー）					
	成年後見制度（権利擁護センター）					
	消費生活センター					
支援・介護						認知症カフェ
		認知症サポーター養成講座　家族のつどい、家族の交流会　家族介護教室				
		配食サービス				
				認知症高齢者等見守り支援事業（GPS端末機の助成）		
				認知症徘徊SOSネットワーク		
			通所介護（デイサービス）　通所リハビリテーション（デイケア）			
			短期入所療養介護（医療系ショートステイ）　短期入所生活介護（福祉系ショートステイ）			
			訪問介護（ホームヘルパー）			
			訪問看護　訪問リハビリテーション			
				定期巡回・随時対応型訪問介護看護		
				訪問入浴		
			認知症対応型通所介護（地域密着型サービス）			
			通所介護（デイサービス）（地域密着型サービス）			
			小規模多機能型居宅介護（地域密着型サービス）			
医療			もの忘れ・認知症が診察できる医療機関			
			認知症初期集中支援チーム			
			認知症疾患医療センター			
				精神科・心療内科		
				重度認知症デイケア　認知症治療病棟		
					寝たきり高齢者等在宅診療歯科診療	
住まい		自宅で生活する		介護老人保健施設（老健）		
			サービス付高齢者向け住宅　ケアハウス　有料老人ホーム			
			グループホーム（認知症対応型共同生活介護）（地域密着型サービス）			
				介護老人福祉施設（特養）		

6　認知症の人や障害者を支える制度・サービス

02 認知症の人の暮らしを支える❷
病気の治療や入院を支える資源

> **POINT**
> 普段はかかりつけ医が、初期の診断や
> 行動・心理症状増悪期の対応は
> 専門医が対応する仕組みづくりが進んでいます。
> 連携を密にしていきましょう。

事例

　5年前から支援を行っているAさん（85歳、男性）は、最近、デイサービスを利用する日を忘れてしまうことが度々ありました。あるとき、訪問した際に家の様子を確認してみると、汚れたままの下着が隠してあったり、薬の飲み忘れや賞味期限切れのものが冷蔵庫に入ったままになっていました。ケアマネジャーは認知症になったのではと心配し、Aさんのかかりつけ医に連絡をし、生活の状況を伝えました。かかりつけ医からの紹介で認知症疾患医療センターを受診した結果、アルツハイマー型認知症の診断を受けました。その後、かかりつけ医は認知症疾患医療センターの医師から情報提供を受け、Aさんの日常の診療を継続しています。

認知症の人を支える医療体制

　これまでは、認知症が疑われても、適切な医療機関につながることなく見逃され、次第に行動・心理症状（BPSD）が増悪するなかで介護保険サービスの利用にいたっても、すでに介護者が疲れ果て、精神科病院等に入院し、そのままそこで暮らすということが起こっていました。
　こうした流れを変え、認知症の早期診断、早期対応を軸としながら、行動・心

02 認知症の人の暮らしを支える ❷病気の治療や入院を支える資源

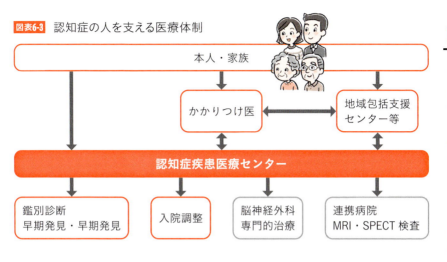

図表6-3 認知症の人を支える医療体制

理症状や身体合併症等がみられても、認知症の容態の変化に応じて医療・介護等が有機的に連携し、適時、適切に切れ目なく提供され、もっともふさわしい医療機関・介護施設等での対応がなされるように、また、施設・病院での対応が固定化されず、在宅生活に戻っていける循環型の仕組みづくりが進められています。

かかりつけ医

この流れにおいて重要になる医療資源に、かかりつけ医と認知症疾患医療センター等の専門医療機関があります。かかりつけ医は状態が安定している認知症の人の日常の医療を支える役目があります。高齢者は認知症のみならず、さまざまな慢性的な疾患をもっていることが多いので、身近で通いやすい内科医などがかかりつけ医になることが一般的です。診療科目に加え、認知症に関する治療も行っていきます。

認知症サポート医

かかりつけ医の認知症の診療をサポートする役割を担うのが、認知症サポート医です。認知症サポート医は、認知症に関する高度で専門的な治療を行えるわけではありませんが、かかりつけ医の認知症に関する相談役・アドバイザーとなる

他、他の認知症サポート医との連携体制の構築、各地域医師会と地域包括支援センターとの連携づくりなど、地域における連携の推進役を期待されています。また、都道府県・指定都市医師会を単位とした、かかりつけ医を対象とした認知症対応力の向上を図るための研修の企画立案を行っています。

認知症疾患医療センター

　初期の認知症の原因疾患の診断や、BPSDが増悪した際の対応などは、認知症の専門医や診断・治療に必要な物的・人的環境のある診療機関であることが必要となります。この役割を担うのが、認知症疾患医療センターになります。

　認知症疾患医療センターは、認知症の鑑別診断、身体合併症と行動・心理症状への対応、専門医療相談等を実施する機関です。その他、地域の保健医療・介護関係者等との連携の推進、人材の育成等を行い、地域における認知症の人の支援体制を構築することを目的としています。

　認知症の医学的診断だけでなく、日常生活の状況や、他の身体疾患等の状況等も踏まえ、総合的に評価を行うとともに、関係機関と情報の共有化を図り、医療・福祉・介護の支援に結びつけていく機能をもっています。具体的には、地域のかかりつけ医と連携を図り、認知症疾患医療センターにおいて認知症の診断をしたり、増悪したBPSDの治療等を行います。その後、再び日常の診療をかかりつけ医が担っていくという循環型のシステムを地域に構築することが期待されています。

もの忘れ外来

　もの忘れ外来（認知症外来）といった、認知症に関する専門の外来を行っている医療機関もあります。もの忘れ外来は、大きな総合病院に併設されていることが多く、主に神経内科や精神科の医師など、認知症分野を専門とする経験豊富な医師が在籍しています。認知症の疑いがあり、初めて病院を受診するといった不安が大きいときでも、しっかりと対応してくれる医療機関です。

　こうした認知症に関する医療機関の存在や、それぞれの役割、連携の仕方につ

いて理解し、認知症の人やその家族が安心して暮らせるよう、医療的なバックアップ体制を構築していきましょう。

チェック

- ☐ かかりつけ医、専門医療機関との連携による地域での認知症の診療体制のあり方について理解をしていますか?
- ☐ 認知症の人の医療に関する、かかりつけ医と認知症疾患医療センター等の専門医療機関のそれぞれの役割、機能について理解をしていますか?

認知症の人の自動車運転　COLUMN

「認知症と診断されても自動車の運転を止めようとせず困っている」と家族から相談を受けたことはありませんか。ケアマネジャーとしては、本人や家族の思いをふまえながら、一緒に、粘り強く着地点を探していく必要があります。

その際、本人にとって自動車を運転することがどのような意味をもっていたのか、思いをはせる必要があります。認知症になり、できないことが増えていくなかで、例えば「運転して、家族を買い物に連れていく」「運転して孫を駅まで迎えに行く」といったことができなくなる、あきらめるということが、その人の生き方や暮らし方にどのような意味があったのか、それを乗り越えていくのをどう支えるべきか、本人と家族の成長と適応を見守り伴走的にかかわる必要があります。

また、国立長寿医療研究センター「認知症高齢者の自動車運転を考える家族介護者のための支援マニュアル©」【第二版】」(https://www.ncgg.go.jp/cgss/department/dgp/index.html) のなかでさまざまな工夫の仕方が紹介されているので、情報提供をしてもよいと思います。NPO法人高齢安全運転支援研究会から、運転時認知障害早期発見チェックリストなども紹介されています (http://sdsd.jp/untenjininchisyougai/checklist-30/)

03 認知症の人の暮らしを支える❸
早期発見・早期診断を支える資源

POINT
認知症が疑われるのに適切なサービスや診断に結びついていない場合や行動・心理症状の対応に苦慮している場合に活用を検討してみましょう。

事例

1年前より担当しているAさん（要介護2）の夫のBさんが、最近もの忘れが顕著となり、何度も同じことを話したり、聞いたりするようになってきました。ケアマネジャーはBさんの認知症を疑い、訪問した際にそれとなく、もの忘れについての受診を勧めてみましたが、真剣にとりあってはくれませんでした。そのため、地域包括支援センターに相談し、認知症初期集中支援チームが支援することとなりました。

訪問に際してはケアマネジャーからBさんにチームの訪問についてお話ししました。Bさんに、「最近、Aさんの介護で大変さが増えてきており、今後の介護や生活について、ぜひさまざまな専門家の人を紹介するので会ってもらいたい」と伝えたところ、Aさんの介護のことで大変な気持ちもあり、訪問の許可を得ることができました。初回は、チーム、地域包括支援センター職員、ケアマネジャーとで訪問しました。訪問ではAさんの介護の状況などとあわせて、Bさんの現在の状況について話を伺いました。初回訪問の後、チーム会議が実施され、Bさんは軽度から中等度のアルツハイマー型認知症の疑いと見立てられました。そこで、Bさんのかかりつけ医であるC医師にチームよりアセスメント情報の提供が行われ、C医師は、Bさんが受診の際に認知症の専門医療機関の受診を勧め、認知症疾患医療センターへ紹介する手続きをとることになりました。

03 認知症の人の暮らしを支える ❸早期発見・早期診断を支える資源

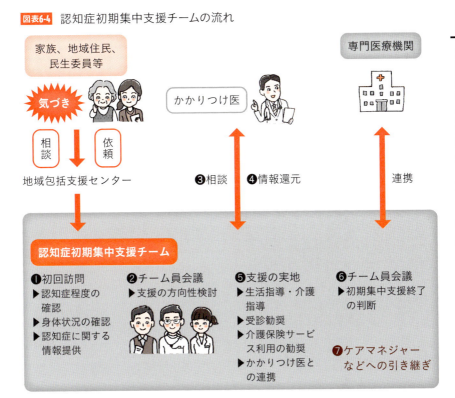

図表6-4 認知症初期集中支援チームの流れ

認知症初期集中支援チームとは

　認知症初期集中支援チームとは、認知症に関する医療や介護の専門職によるチームで、認知症が疑われる人の家庭を訪問し、早期診断及びその後の介護や生活環境の改善などの支援体制を整える役割をもっています。このように、基本的には認知症が疑われるけれど医療や介護保険につながっていない人や、認知症の診断を受けていても何もサービスを受けていない人、介護保険を利用していても認知症の問題が新たに出てきた人などが対象になります。支援を受けられる期間はおおむね6か月です。

　チームには、国家資格をもち、業務年数や研修の受講などの要件を満たした専門職が2名以上在籍します。具体的には、保健師、看護師、准看護師、作業療法

士、介護福祉士、精神保健福祉士、社会福祉士などの専門職が担当しますが、市区町村や実施機関の人員体制によって大きく異なっています。

　要請を受けるとチームで家庭を訪問し、情報収集をします。集めた情報をもとにチームで話し合い、利用者に必要な医療や介護の計画を立てます。会議には地域包括支援センターの職員の他、かかりつけ医やケアマネジャーも出席します。本人に受診や診断を促し、必要に応じて介護保険の手続きや最適な介護・地域のサービスへと誘導し、生活環境やケアについてのアドバイスや、介護者のサポートも行います。支援終了後は地域包括支援センターへと引き継がれますが、それで役割が終わるわけではなく、その後も適切な介護サービスが継続されているかチェックを続けます。

活用のポイント

　認知症の早期発見、早期対応は大変重要ですが、認知症の疑いがあっても、なかなか受診に至らない事例は少なくありません。本人自身もなんとなく自覚はあるものの、そのままにしてしまっている場合もあります。また、普段からかかわる家族や地域の人、時にはかかりつけ医でさえも、「年相応」と見逃してしまっている場合もあります。「認知症」や「精神科」に対する抵抗感をもっている場合もあり、本人も周囲の人もなかなか積極的になれないことも考えられます。しかしながら、そのまま見過ごされ、認知症が進行してしまうと本人や家族の生活が徐々に大変になり、在宅生活の継続が難しい状況に発展してしまう可能性があります。

　前述のように、認知症初期集中支援チームは、こうした認知症が疑われるケース、認知症であってもうまく社会資源と結びついていないようなケースについて、認知症かどうか、家族の介護状況や生活状況なども確認し、認知症の疑いがある場合は最適な専門機関を紹介します。うまく社会資源と結びついていない場合には必要な医療やサービスにつながるよう支援します。家族介護者に対しても認知症の人と生活するうえでのケアやアドバイス・サポートを行います。

　ケアマネジャーとしては、まず活動地域の認知症初期集中支援チームに関する情報（窓口など）を確認しておきましょう。認知症であったり、認知症が疑われ

> **認知症初期集中支援の対象者**
>
> 40歳以上で、在宅で生活しており、かつ認知症が疑われる人または認知症の人で、以下ア、イのいずれかに該当する人
> ア　医療サービス、介護サービスを受けていない人、または中断してる人で以下のいずれかに該当する人
> 　（ア）認知症疾患の臨床診断を受けていない人
> 　（イ）継続的な医療サービスを受けていない人
> 　（ウ）適切な介護保険サービスに結びついていない人
> 　（エ）診断されたが介護サービスが中断している人
> イ　医療サービス、介護サービスを受けているが認知症の行動・心理症状が顕著なため、対応に苦慮している人

るも医療や介護サービスにうまく結びついていない、認知症の行動・心理症状が顕著なため対応が難しいケースなどの場合、利用を検討します。

参考：粟田主一編著『認知症初期集中支援チーム実践テキストブック』中央法規出版, 2015年

チェック
- ☐ 活動地域の認知症初期集中支援チームに関する情報（窓口など）を確認します。
- ☐ 認知症初期集中支援チームの対応できる対象者の基準を確認します。

04 障害者総合支援法の理解と活用

> **POINT**
> 障害者総合支援法独自のサービスも理解し、
> 利用者のニーズに応じてサービスを
> 利用できるようにしましょう。

障害者総合支援法とは

　障害者総合支援法(「障害者の日常生活及び社会生活を総合的に支援するための法律」)は、それまでの障害者自立支援法から変更する形で平成24年に成立、平成25年4月1日に施行されました。地域社会における共生の実現に向けて、障害福祉サービスの充実等障害者の日常生活及び社会生活を総合的に支援することを目的にしています。

　障害者総合支援法では、障害者（児）の範囲について、これまでの知的・身体・精神障害・発達障害の他に、それまで制度のはざまにあった難病患者等が追加され、疾状の変動などにより、身体障害者手帳の取得ができないものの、一定の障害がある方々も「特定疾患医療受給者証」をもつことにより、指定難病患者として障害福祉サービス等の対象となりました。

　障害者総合支援法では、障害の多様な特性その他の心身の状況に応じて必要とされる標準的な支援の度合いを総合的に示す「障害支援区分」（介護保険でいう

図表6-5 障害支援区分

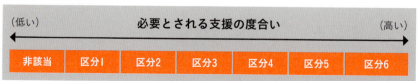

「要介護認定」）を決定し、1人ひとり障害状態の度合いに応じて、介護給付、訓練等給付等の自立支援給付、地域生活支援事業等のサービスを提供されます。

障害者総合支援法のサービス

障害者総合支援法においては、入所施設については、障害者支援施設という名称で、夜間から早朝にかけては「施設入所支援」を提供するとともに、昼間は「生活介護」などの「日中活動系サービス（昼間実施サービス）」を行っています。かつては、知的障害者福祉法による「知的障害者更生施設（入所）」、身体障害者福

図表6-6　障害者総合支援法における給付・事業

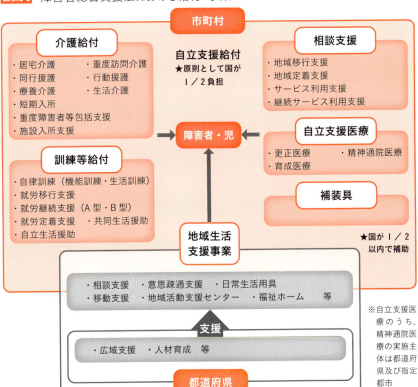

※自立支援医療のうち、精神通院医療の実施主体は都道府県及び指定都市

図表6-7 障害者総合支援法の主なサービス

自立支援給付
訪問・同行・短期入所

サービス	内容	障害区分	障害支援区分 非	1	2	3	4	5	6
居宅介護（ホームヘルプ）	自宅での入浴、排せつ、食事の介護などを行います。	身・知 精・難	×	○	○	○	○	○	○
通院等介助（身体介護あり）	居住介護の対象者について、病院への通院、官公署での公的手続き等のための移動介助を行います。	身・知 精・難	×	×	○（要件あり）				
通院等介助（身体介護なし）	居住介護の対象者について、病院への通院、官公署での公的手続き等のための移動介助を行います。	身・知 精・難	×	○	○	○	○	○	○
重度訪問介護	常時の介護が必要な重度の肢体不自由者や知的・精神障害で行動上著しい困難を有する人を対象に、自宅での入浴、排せつ、食事の介護、外出時における移動支援などを行います。	身・知 精・難	×	×	×	×	○（要件あり）		
同行援護	視覚障害により、移動に著しい困難を有する人に、移動に必要な情報の提供、移動の援護等の外出支援を行います。	身・― ―・難	○（要件あり）						
行動援護	自己判断力が制限されている人を対象に危機回避のために必要な支援、外出支援を行います。	―・知 精・難	×	×	×	○（要件あり）			
重度障害者等包括支援	常時介護が必要で、その程度が著しく高い人を対象に、居宅介護、行動援護、生活介護、短期入所、自立支援、就労継続支援など複数のサービスを包括的に提供します。	身・知 精・難	×	×	×	×	×	×	○（要件あり）
短期入所（ショートステイ）	日常介護する人が病気の場合などに、短期間（夜間も含む）の施設での入浴、排せつ、食事の介護などを行います。	身・知 精・難	×	○	○	○	○	○	○

日中活動支援

サービス	内容	障害区分	障害支援区分 非	1	2	3	4	5	6
生活介護	常時介護が必要な人への昼間の入浴、排せつ、食事の介護などを行うとともに、創作的活動、生産活動の機会を提供します。	身・知 精・難	×	×	○*	○	○	○	○
療養介護	医療と常時介護が必要な人を対象に、医療機関での機能訓練、療養上の管理、看護、介護、生活支援を行います。	身・知 ー・難	×	×	×	×	×	○ (要件あり)	
自立訓練(機能訓練)	身体障害者を対象に、自立した日常生活や社会生活ができるよう、身体機能・生活能力を向上させるための訓練を行います。	身・ー ー・難	○						
自立訓練(生活訓練)	精神障害者や知的障害者を対象に、自立した日常生活や社会生活ができるよう、身体機能・生活能力を向上させるための訓練を行います。	ー・知 精・ー	○						
就労移行支援	一般企業等への就労を希望する人を対象に、一定期間、就労に必要な知識及び能力の向上のために必要な訓練を行います。	身・知 精・難	○ (65歳以降の新規利用開始は不可。ただし65歳に達する前に当該サービスの利用を開始していた場合に限り、引き続き利用可)						
就労継続支援A型	一般就労が困難な人で、雇用契約に基づく就労が可能な人を対象に働く場の提供、知識・能力の向上訓練を行います。	身・知 精・難							
就労継続支援B型	雇用契約に基づく就労が困難な人を対象に、働く場の提供、知識・能力の向上訓練を行います。	身・知 精・難	○						
就労定着支援	一般就労に移行した人を対象に、就労に伴う生活面の課題に対応するための支援を行います。	身・知 精・難							

＊印は50歳以上の場合に限って利用可。

祉法による「身体障害者療護施設」といった形で、障害の特性や施設の機能別に細分化されていましたが、障害者自立支援法の施行に伴い、身体障害・知的障害・精神障害・発達障害などのサービスが統合化されるなかで、設定されました。ただ、現在の障害者支援施設の多くは、旧来の施設種別に伴って「主な利用者は知的障害者」と標榜している事業所もみられます。

　障害者支援施設のサービスは昼のサービス（日中活動事業）と夜のサービス（居住支援事業）に分けられました。つまり、暮らすための施設と日中活動の事業所を分けて利用できるようになっています。具体的には、同一施設で両方のサービスを受けることもできれば、昼のサービスは、別事業所のサービスを組み合わせて利用することも可能となっています。昼のサービスには、自立支援給付である「生活介護」「自立訓練（生活訓練）」「自立訓練（機能訓練）」「就労移行支援」「就労継続支援（A型・B型）」がありますが、事業所によっては、これらのサービスを複数組み合わせて提供できるようになっており、ニーズに合わせた対応ができるようになっています。

地域生活支援事業

　市町村や都道府県の創意工夫により、利用者の状況に応じて柔軟に実施できるサービスとなっています。地域によってさまざまなサービスが存在します。障害のある方が生活しやすい環境を整えるために、一番身近な存在の市区町村がニーズに対して柔軟に対応し、相談支援や移動支援など、それぞれに見合ったサービスを行います。

　地域生活支援事業は「市町村事業」と「都道府県事業」があり、サービスの対象者の範囲やサービスの利用料などは各市区町村や都道府県によって異なりますので確認をしましょう。

図表6-8 主な地域生活支援事業

項目	支援の内容
理解促進研修・啓発	障害者に対する理解を深めるための研修や啓発事業を行います。
自発的活動支援	障害者やその家族、地域住民等が自発的に行う活動を支援します。
相談支援	●相談支援 障害のある人、その保護者、介護者などからの相談に応じ、必要な情報提供等の支援を行うとともに、虐待の防止や権利擁護のために必要な援助を行います。また、（自立支援）協議会を設置し、地域の相談支援体制やネットワークの構築を行います。 ●基幹相談支援センター等の機能強化 地域における相談支援の中核的役割を担う機関として、総合的な相談業務の実施や地域の相談体制の強化の取り組み等を行います。
成年後見制度利用支援	補助を受けなければ成年後見制度の利用が困難である人を対象に、費用を助成します。
成年後見制度法人後見支援	市民後見人を活用した法人後見を支援するための研修等を行います。
意思疎通支援	聴覚、言語機能、音声機能、視覚等の障害のため、意思疎通を図ることに支障がある人とその他の人の意思疎通を仲介するために、手話通訳や要約筆記、点訳等を行う者の派遣などを行います。
日常生活用具給付等	障害のある人等に対し、自立生活支援用具や日常生活用具の給付または貸与を行います。
手話奉仕員養成研修	手話で意思疎通支援を行う者を養成します。
移動支援	屋外での移動が困難な障害のある人について、外出のための支援を行います。
地域活動支援センター	障害のある人が通い、創作的活動または生産活動の提供、社会との交流の促進等の便宜を図ります。
その他（任意事業）	市町村の判断により、基本的人権を享有する個人としての尊厳にふさわしい日常生活または社会生活を営むために必要な事業を行います。例えば、福祉ホームの運営、訪問入浴サービス、日中一時支援があります。

チェック

- □ 障害者支援施設のサービスは昼のサービス（日中活動事業）と夜のサービス（居住支援事業）に分けられています。
- □ 同一の障害者支援施設で昼と夜の両方のサービスを受けることもできれば、別事業所のサービスを組み合わせて利用することも可能です。
- □ 地域生活支援とは、市町村や都道府県の創意工夫により、利用者の状況に応じて柔軟に実施できるサービスです。

05 障害福祉サービスと介護保険サービスの適用関係

POINT
障害者総合支援法のサービスは、同様のサービスが介護保険法にある場合は、原則、介護保険サービスが優先されます。

事例

Aさん(64歳、女性)は視覚障害及び上肢障害で、身体障害者手帳1級を所持しています。これまで居宅介護として調理、掃除、洗濯を、外出支援として同行援護と就労継続支援B型の障害福祉サービスを利用してきました。65歳を迎えることから、介護保険サービスへの移行が必要になり、要介護認定を受け、要介護1と認定されました。

BケアマネジャーはAさんを担当することになりました。Aさんは、65歳到達後もこれまでと変わらず生活を続けられるのか不安に思っています。そこで、Aさんを担当している相談支援事業所のC相談支援専門員に連絡し、Aさんの支援の方向性について検討しました。

現在利用している同行援護と就労継続支援B型については、介護保険のサービスにないためそのまま利用を継続することになりました。一方、居宅介護については、介護保険サービスの訪問介護へ移行することとなりました。しかし、介護保険での訪問介護では従前のサービス水準に満たないため、自治体の障害者支援課に相談し、一部、障害者総合支援法の居宅介護の利用を認めてもらうよう調整を行いました。

05 障害福祉サービスと介護保険サービスの適用関係

図表6-9 障害福祉サービスから介護保険サービス移行までの流れ

介護保険サービス移行までの流れについて

～64歳

障害福祉サービス

- 障害福祉サービスの継続申請（年に1回）
- 「自分でできること」、「支援が必要なこと」を確認
- 支援者と介護保険サービス移行へ向けた確認（区役所、相談支援事業所、サービス提供事業所）

介護認定の程度を予測し、これまでと同様のサービスを介護保険サービスへ移行後に継続して利用できるのか、また、介護保険施設での対応が困難なサービスがないかなどを確認します。

介護保険サービス

第2号被保険者の場合は40歳到達の3か月前より65歳到達と同様の手続きを行います。

65歳到達3か月前

利用者の状況によっては、半年前から準備を始めることもあります。

● **相談支援専門員と介護保険サービス移行に向けた調整**
（相談支援事業所、地域包括支援センター、区役所等）

利用者及び家族と一緒に、実際の介護認定に基づき、介護保険に移行するサービス、継続して障害福祉サービスの利用となるサービスの振り分けを行います。

● **障害福祉サービスの継続申請**
障害福祉サービス固有のもの、上乗せでの利用及び介護保険施設等において利用が困難と想定される場合に必要になります。

● **介護保険の申請**
※本人及び家族による申請の他に、地域包括支援センターや居宅介護支援事業所等に依頼して代理申請を行うことも可能です。

介護認定が出るまでに行うこと
❶ **訪問調査**
調査員が自宅に行き、利用者の心身の状況について利用者や家族に対して調査します。
❷ **主治医意見書**
主治医に利用者の心身の状況について意見書の記載依頼します（依頼は区役所で行いますが、受診が必要になる場合があります）。

その後、審査会が開催され、約1～2か月で介護認定が出ます。

● **介護保険利用に向けたプランの作成**
今後の生活における希望や利用するサービス、月額負担額等についての確認を行います。

誕生日の2日前まで利用（支給決定期間の末日） | 誕生日の前日から利用（支給決定期間の開始日）

65歳

介護保険法との関係

　原則として、障害者総合支援法のサービスと同様のサービスが介護保険法にある場合は、介護保険制度のサービスが優先されるルールになっています。「介護保険サービスには相当するものがない障害福祉サービス固有のものと認められるもの」は、同行援護、行動援護、自立訓練（生活訓練）、就労移行支援、就労継続支援等が掲げられています注)。とはいえ、それらは一律的に対応せず、申請された障害福祉サービスの種類や利用者の状況に応じて、市区町村が利用意向を聴き取りにより把握したうえで、必要としている支援を介護保険サービスにより受けることが可能か否かを適切に判断することとされています。

　このように、介護保険制度に加えて障害者総合支援法のサービスが支給される場合としては、❶在宅の障害者で、申請にかかる障害福祉サービスについて当該市区町村において適当と認める支給量が、当該障害福祉サービスに相当する介護保険サービスにかかる保険給付の居宅介護サービス費等区分支給限度基準額の制約から、介護保険のケアプラン上において介護保険サービスのみによって確保することができないものと認められる場合、❷利用可能な介護保険サービスにかかる事業所または施設が身近にない、あっても利用定員に空きがないなど、当該障害者が実際に申請にかかる障害福祉サービスに相当する介護保険サービスを利用することが困難と市町村が認める場合（当該事情が解消するまでの間に限る。）注とされており、いずれにしろ、まずは市町村との相談が必要になります。

注　各都道府県障害保健福祉主管部（局）長宛「障害者自立支援法に基づく自立支援給付と介護保険制度との適用関係等について（平成19年3月28日付障企（障）発第0328002号）

05 障害福祉サービスと介護保険サービスの適用関係

図表6-10 障害福祉サービスと介護保険サービス

介護保険サービス		障害福祉サービス
	（上乗せ部分） 介護保険の支給限度額を 上回る場合など	
障害福祉にはないサービス ・訪問看護 ・訪問リハビリテーション ・居宅療養管理指導 ・通所リハビリテーション ※内容的に異なるもの ・小規模多機能型居宅介護 ・共同生活介護 ・短期入所療養介護 （医療型短期入所で一部共通あり）	**両制度に共通のサービス** ・居宅介護（≒訪問介護） ・生活介護（≒通所介護） ・短期入所（≒短期入所生活介護） ・日常生活用具（≒福祉用具） ※上乗せ部分に該当 ・重度訪問介護 ※地域生活支援事業で実施 ・訪問入浴介護	**（横出し部分）** **介護保険にはないサービス** ・同行援護 ・行動援護 ・療養介護 ・就労移行支援 ・就労継続支援 ・補装具 ・移動支援事業 ※内容的に異なるもの ・重度障害者等包括支援 ・自立訓練 ・共同生活援助

- □ 同様のサービスがある場合、介護保険制度のサービスが優先されます。
- □ 障害福祉サービス固有のものの概要を確認しましょう。
- □ 介護保険制度に加えて障害者総合支援法のサービスが支給される場合の条件を確認しましょう。
- □ 運用にあたっては、市町村の担当者と連携しながら進めるようにします。

06 相談支援事業
相談支援専門員との連携

POINT
障害福祉サービスの利用者が
新しく介護保険サービスを利用する場合は、
相談支援専門員と支援内容を
共有しましょう。

事例

　Aさんは聴覚障害及び下肢障害で、身体障害者手帳2級を所持しています。これまで調理、掃除、洗濯等で居宅介護を利用しています。就労継続支援B型の障害福祉サービスを利用してきました。数か月後に65歳を迎えることから、介護認定を受け、要介護1と認定されました。

　Aさんを担当することになったケアマネジャーBさんは、Aさんの了解のもと、手話通訳者とAさんを担当している相談支援専門員のCさんにも同席してもらい、話を聞くことになりました。Aさんは、65歳到達後もこれまでと変わらず就労継続支援B型の事業所の利用を希望しています。そこで、現在利用している就労継続支援B型の利用と、市で実施する手話通訳事業についてはそのまま利用を継続し、一方、居宅介護については、介護保険サービスの訪問介護へ移行することとなりました。ケアプラン作成にあたっては、C相談支援専門員からAさんとのコミュニケーションにおける留意点や、これまでの生活の状況等の情報を引き継ぎ、反映していくことになりました。

相談支援事業とは

　障害者総合支援法では、障害のある人が自立した日常生活または社会生活を営

06 相談支援事業

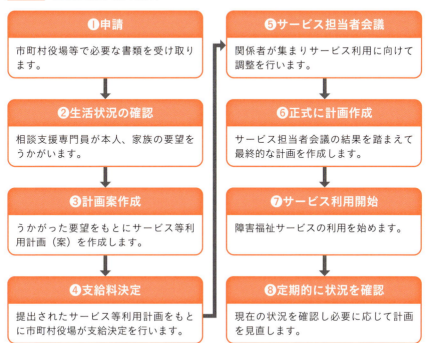

図表6-11 相談支援事業の流れ

むことができるよう、相談支援事業が設けられています。相談支援事業は、障害福祉サービスを利用する際の計画相談支援と病院や施設等を退所する人を対象とする地域相談支援があります。それぞれ、計画相談支援は身近にある指定特定相談支援事業者が、地域相談支援は指定一般相談支援事業者が行う仕組みとなっています。

相談支援専門員とは

　相談支援専門員とは、障害のある人が自立した日常生活、社会生活を営むことができるよう、障害福祉サービスなどの利用計画の作成や地域生活への移行・定着に向けた支援、住宅入居等支援事業や成年後見制度利用支援事業に関する支援など、障害のある人の全般的な相談支援を行います。主に指定相談支援事業所、

基幹相談支援センター、市町村等に配置されています。

活用のポイント

　計画相談支援は、障害者総合支援法におけるケアマネジメントにあたるサービスになります。平成24年4月より、障害福祉サービスを利用するすべての利用者は、原則として市区町村が指定する指定特定相談支援事業者の相談支援専門員がサービス等利用計画を作成することになりました。サービス等利用計画とは、障害者総合支援法におけるサービス利用者の課題解決や、適切なサービス利用を支援するために作成するものです。つまり、ケアマネジャーが作成するケアプランを指します。

　計画には、本人の解決すべき課題、その支援方針、利用するサービスなどが記載されます。なお、本人が希望する場合は、利用者本人やその家族及び支援者等が作成することもできます(セルフプラン)。障害福祉サービスのサービス等利用計画については、通常は相談支援事業所の相談支援専門員が作成します。

　事例のように、障害福祉サービスの利用者が新しく介護保険サービスを利用する場合、介護保険サービスへの引継ぎのために連携をとる必要があります。一部、障害福祉サービスを継続するなど介護保険サービスと併用する場合には、それぞれで介護保険に関する部分は、介護支援専門員が居宅サービス計画を作成し、障害福祉サービスに関する部分は相談支援専門員がサービス等利用計画を作成する形になるため、支援内容の共有をしていかなければなりません。その際は、利用者の同意が必要になります。利用していた障害福祉サービスの事業者とあわせて、利用者の障害の特性や、生活やコミュニケーション上の留意点など支援に必要な情報を引き継いでいきましょう。

6 認知症の人や障害者を支える制度・サービス

チェック

- □ 障害福祉サービスの利用者が新しく介護保険サービスを利用する場合は、相談支援専門員と連携をとりましょう。
- □ 障害福祉サービスと介護保険サービスを併用する場合は、障害福祉サービスに関する部分は相談支援専門員がサービス等利用計画を作成します。
- □ 相談支援専門員と連携をとるときは、利用者の障害の特性や、生活やコミュニケーション上の留意点など支援に必要な情報を共有しましょう。

著者紹介

渡邉浩文
わたなべ・ひろふみ

武蔵野大学人間科学部社会福祉学科教授

日本社会事業大学大学院社会福祉学研究科博士後期課程修了。博士（社会福祉学）。目白大学人間学部人間福祉学科助手、専任講師。社会福祉法人浴風会認知症介護研究・研修東京センター研究主幹を経て、現職。
ソーシャルワークを基盤としながら、認知症ケア、ケアマネジメント等を中心に教育・研究活動を行っている。

編集協力

森安みか
もりやす・みか

一般社団法人Geny理事
一般社団法人MORIES代表理事
主任介護支援専門員、社会福祉士、介護福祉士、理学療法士、保育士

清水太郎
しみず・たろう

小平アットホームケアサービス管理責任者
主任介護支援専門員、介護福祉士

だいじをギュッと！
ケアマネ実践力シリーズ
社会資源の活かし方
サービスを上手につなぐコツ

2019年11月20日　発行

著　者　　渡邉浩文

発行者　　荘村明彦
発行所　　中央法規出版株式会社
　　　　　〒110-0016
　　　　　東京都台東区台東3-29-1 中央法規ビル
　　　　　営　業　TEL 03-3834-5817
　　　　　　　　　FAX 03-3837-8037
　　　　　書店窓口　TEL 03-3834-5815
　　　　　　　　　FAX 03-3837-8035
　　　　　編　集　TEL 03-3834-5812
　　　　　　　　　FAX 03-3837-8032
　　　　　https://www.chuohoki.co.jp/

装幀・本文デザイン　　相馬敬徳（Rafters）
装幀・本文イラスト　　三木謙次
本文イラスト　　　　　藤田侑巳
編集協力　　　　　　　森安みか、清水太郎
DTP　　株式会社ジャパンマテリアル
印刷・製本　　新津印刷株式会社
ISBN 978-4-8058-5968-1

定価はカバーに表示してあります。落丁・乱丁本はお取り替えいたします。
本書のコピー、スキャン、デジタル化等の無断複製は、
著作権法上の例外を除き禁じられています。
また、本書を代行業者等の第三者に依頼してコピー、スキャン、
デジタル化することは、たとえ個人や家庭内での利用であっても
著作権法違反です。

新刊・好評書籍のご案内

だいじをギュッと！ケアマネ実践力シリーズ

ケアマネ業務に役立つ情報をコンパクトにまとめたシリーズ

知りたいことをピンポイントで学習して、明日の業務に役立てることができる。全12巻！

豊富な図表・イラスト、見開き構成でビジュアルに解説！

モニタリング
準備から実践の流れ、事後対応まで
- 吉田光子＝著
- A5判／202頁　●定価 本体2,000円（税別）
- 2019年9月発行

社会資源の活かし方
サービスを上手につなぐコツ
- 渡邉浩文＝著
- A5判／206頁　●定価 本体2,000円（税別）
- 2019年11月発行

医療知識
押さえておきたい疾患と薬
- 苛原　実、利根川恵子＝著
- A5判／210頁　●定価 本体2,000円（税別）
- 2019年3月発行

アセスメント
情報収集からケアプラン作成まで
- 白木裕子＝編著
- A5判／198頁　●定価 本体2,000円（税別）
- 2019年5月発行

コミュニケーション技術
聴く力と伝える力を磨くコツ
- 眞辺一範＝著
- A5判／214頁　●定価 本体2,000円（税別）
- 2018年8月発行

認知症のケアマネジメント
すぐに実践できる支援のポイント
- 長谷川洋、石川　進＝著
- A5判／230頁　●定価 本体2,000円（税別）
- 2018年8月発行

医療連携
医療ニーズの高い人への支援のポイント
- 鶴本和香＝著
- A5判／194頁　●定価 本体2,000円（税別）
- 2018年9月発行

施設ケアマネジメント
利用者支援とチームづくりのポイント
- 中野　穣＝著
- A5判／190頁　●定価 本体2,000円（税別）
- 2018年8月発行

面接援助技術
対人援助の基本姿勢と18の技法
- 髙落敬子＝著
- A5判／238頁　●定価 本体2,200円（税別）
- 2017年12月発行

ケアプランの書き方
押さえておきたい記入のポイント
- 後藤佳苗＝著
- A5判／194頁　●定価 本体2,000円（税別）
- 2018年1月発行

サービス担当者会議
開催のポイントとすすめ方のコツ
- 永島　徹＝著
- A5判／174頁　●定価 本体2,000円（税別）
- 2017年12月発行

書類・帳票の書き方・活かし方
仕事の質が変わる！書類事務のコツ
- 榊原宏昌＝著
- A5判／194頁　●定価 本体2,000円（税別）
- 2017年12月発行